黎明期のキリスト教社会事業

近代都市形成期における挑戦と苦悩

馬渕　彰／平松英人［編］
キリスト教史学会［監修］

教文館

緒言

キリスト教史学会理事長　小檜山ルイ

キリスト教史学会では、二〇一二年より、毎年ではないが、大会のシンポジウムを書籍化し、教文館から出版するという事業を続けてきた。本書はそのシリーズの七冊目である。

これまで出版した本のタイトルと出版年は、『宣教師と日本人』（二〇一二年）、『植民地化・デモクラシー・再臨運動――大正期キリスト教の諸相』（二〇一四年）、『戦時下のキリスト教――宗教団体法をめぐって』（二〇一五年）、『近代日本のキリスト教と女子教育』（二〇一六年、品切）、『マックス・ヴェーバー「倫理」論文を読み解く』（二〇一八年）、『キリシタン歴史探究の現在と未来』（二〇二一年）となる。五冊目まではキリスト教史学会編として出したが、六冊目からは、シンポジウムを企画し、編集を実際に担当した会員を編者とし、責任の所在と貢献を明確にすることとした。キリスト教史学会は監修となっている。

キリスト教史学会には、研究分野としては分かれることが多い、カトリック、プロテスタント、正教会等々、幅の広い様々なキリスト教の歴史を専門とする研究者が集う。研究対象地域も時代も多様である。したがって、学会内で学問的に精緻な批判、評価をしあえる仲間は限られるが、その分、「キリスト教史」の遠大な拡がりを学び、その中で自分の研究を相対化することができる。

本シリーズは、学会での成果を一般の方にも分かり易い形で公表することを意図して始められた。近年の大会シンポジウムは日本近代を扱うことが多い。それがシリーズにも反映されている。本書は欧米を中心としているが、その背後には日本近代におけるキリスト教と社会事業への関心がある。

キリスト教と社会事業は、特に日本においては、直結するものととらえられがちだろう。だが、そうではない。たしかに、弱き者を助けることを聖書は教える（たとえば、マタイによる福音書二五章三一―四六節）。けれども、「最も小さい者」を助けることは、また、権力構築につながる。たとえば、近年アフリカで中国とアメリカが繰り広げる熾烈な援助合戦が思い浮かぶ。

「神のものは神に、カエサルのものはカエサルに」（マタイによる福音書二二章一五―二二節）と、イエスは、宗教を世俗の政治とは別次元に置くことを教えている。だが、それは、「救貧」といった、誰もが善と認める行為においてさえ、困難である。

本書に登場する社会事業の実践者たちの「苦悩」を通じ、その困難の一端が見えてくるのではないだろうか。

目次

装幀　長尾　優

まえがき

馬渕　彰

本書は、キリスト教史学会第七二回大会でのシンポジウムをもととした論文集となっている。二〇二一年九月一〇日・一一日に開かれたその大会は、日本大学法学部（東京都千代田区神田三崎町キャンパス）で開催される予定であった。しかし、二〇一九年暮れに中国の武漢を混乱させた新型コロナ感染症問題が二〇二〇年の年明けごろから日本でも始まり、その後一年半以上たった二〇二一年夏においても一向に収束する気配がなかった。大会開催二か月前に開催方法について理事会で議論され、その結果、全プログラムはインターネットを介したビデオ会議方式にするとの決定がなされた。オンライン形式での大会になったものの、日本大学法学部の神田三崎町キャンパスを会場としていた当初の計画の名残として、「近代都市形成期のキリスト教と社会事業――黎明期の苦悩」と題してシンポジウムが開かれた。

現在の日本大学法学部の本館は、日本の近代都市形成期にあたる明治期に片山潜（一八五九―一九三三）が始めた社会事業の拠点であった「キングスレー館」の跡地に建っている。このことに端を発し、シンポジウムのテーマは「近代都市形成期のキリスト教と社会事業」となった。周知のように、キングスレー館は、チャールズ・キングズリー（一八一九―一八七五）にちなんで名づけられたセツルメント（隣保館）である。イギリス国教会聖職者で、かつ小説家であったキングズリーは、一八世紀後半からの「産業革命」と呼ばれるイギリスでの工業化によってもたらされた社会的害悪をキリスト教倫理によって正そうと志し、一九世紀半ばにキリスト教社会主義運動の創始者の一人となった人物である。片山潜は、一八八四年にアメリカに渡り、大学で学び、キリスト教に入信した。その後、イギリスでの社会事業や慈善活動の視察を終えて一八九五年に帰国すると、明治期の日本の労働者のための教育文化活動やキリスト教社会主義に根差す福祉事業の必要を感じ、一八九七年に「キングスレー館」との看板を掲げてキリスト教社会事業を開始した。二〇二一年のキリスト教史学会大会開催校を日本大学法学部にするとの決定がキリスト教史学会理事会にてなされると、日本大学法学部の教員であり開催校責任者となった筆者は、この「日本のセツルメント発祥の地」ともいえる神田三崎町で大会が開催されるのであるから、シンポジウムのテーマをキリスト教社会事業に関連したものにしようとの着想をただちに得た。

日本大学の前身である日本法律学校は、日本の近代化（西洋化）において日本への欧米の法律の導入にとどまらず、欧米の法律と日本精神とを融合させた新たな法律を自ら創り出すための学び舎としてスタートした。そこで、シンポジウムで論じるキリスト教社会事業も、「キングスレー館」と片山潜に焦点を絞って考察して日本のキリスト教事業の実態を論じるだけのものではなく、日本に先立って近代都市形成期を迎えていた欧米各国のキリスト教社会事業の展開にも目を向け、広く世界規模でのキリスト教と社会事業との関係を歴史的流れに沿って考察し、キリスト教社会事業の本質を探る機会にできればとの着想もすぐに得た。これらの思いをキリスト教史学会会員でありドイツでの福祉の歴史を研究している東京大学の平松英人氏に伝え、シンポジウムの企画・準備への協力を願い出たところ、快く引き受けられ、平松氏の協力のもと具体的な準備がスムーズに進むこととなった。

「キリスト教社会事業」とは何を意味するのか、また「キリスト教慈善活動」と明確に区分することは可能なのだろうか。仮に「キリスト教社会事業」と「キリスト教慈善活動」との間に明確な境界線を引けないとするならば、いかなる便宜的な区分も定めずに「キリスト教社会事業」を最も広い意味で解釈してしまえば、イエス・キリストの時代から始まったと語ることも可能なのではないだろうか。すると、キリスト教と社会事業との関係は二千年以上にもおよぶ非常に長い歴史を有することとなる。これではキリスト教社会事業（慈善活動）の時代や地域の広がりが壮大なものとなりすぎてしまい、また、具体的活動内容も非常に幅広く多岐にわたる多種多様なものとなってしまい、とても三時間程度のシンポジウムでは扱いきれない。その問題の解決策として、キリスト教社会事業をめぐる今日の学術上の議論で用いられている特定の学説や理論を選び、その学説や理論の是非を論じるという枠をシンポジウムにはめてみることをまず考えてみた。たとえば、社会学者イエスタ・エスピン＝アンデルセンが示した福祉国家の類型方法についてその有効性を歴史的実態に照らし合わせて論じるとか、あるいは今日の日本の公共福祉の課題や展望に関連づけながら議論するなどである。しかし、それらの方法ではシンポジウムの議論に狭い枠をはめて視野を狭めすぎてしまい、参加者とともにキリスト教社会事業の幅広さや奥深さを垣間見るというシンポジウムの醍醐味を逃してしまうのではないかとの不安も高まった。悩んだ末、シンポジウムの各パネリストに次の二つの視点を課すことにした。一つは近代都市形成期のキリスト教社会事業、もう一つは信仰ゆえの苦悩（困難）である。後者の「信仰ゆえの苦悩（困難）」という視点を決めた理由は、苦悩や困難という言葉には状況に応じて異なる様々な意味や解釈を可能とする高い汎用性があるので、各パネリストが自分の報告内容を自由に定めやすくなるであろうと考えたからである。

「近代都市形成期」が何を意味するのかとの問題も、パネリストとの打ち合わせにおいて話し合われた。「近代都市」に一つの確固たる定義が存在しないのではないのか。また、「近代都市形成期」にしても、形成を開始した具体的な年があるわけでもなく、国や地域によっても大きく時期が異なる。そこで、シンポジウムの打ち合わせでは、「近代都市」については、古代ギリシア・ローマなど「古代都市」や一〇世紀以降の西ヨーロッパで発展した「中世都市」とは違い、イギリスでの一八世紀後半の工業化の著しい発展にともなって登場してきた新たなタイプの工業都市・商業都市という、ヨーロッパ史の通説などで一般的に用いられてきた語り方を大まかに採用し、各パネリストがそれぞれの報告で扱う地域・時代に即して「近代都市」を説明することにした。また、形成期の時期についても、それぞれの報告でおおよその時期を示す程度に留めることにした。

どのパネリストの報告も、一九世紀から世界各地で深刻さを増していった「都市問題」に関連づけてなされた。近代都市における「都市問題」の嚆矢となった「産業革命」発祥地イギリスでは、一八世紀半ば以降、マンチェスターやバーミンガムなど各地の都市のそれぞれの人口がわずか数十年間で一〇万、二〇万、三〇万人と急増した。かつての中世ヨーロッパの各都市の人口が、ロンドンやパリなどのごく少数の一部の都市を除き、一万人以下であったことを考えれば、驚異的な人口増加をもたらした革命的な現象であったといえる。一九世紀以降、イギリス以外の国々も自国の経済力を高めるために工業を国の基幹産業にする方向に舵を切ると、数十から数百人ほどの僅かな人口の村落を中心としたそれまでの農村社会の時代から何十万人もの人口が密集する工業・商業都市の時代へと、世界各地の人々が次々と突入していった。それまでは教区単位で村落や町の教区民のケアに従事し、キリスト教慈善活動での経験を積んできたキリスト諸派の指導者や信徒は、社会のこの急激な変容によって出現した「都市問題」と呼ばれる新たな問題を課せられることとなった。イギリスの場合、国家が計画的に推進したというよりも資本家たちが利潤を追求して私的に始めた工業や商業に由来したこともあり、計画性を欠いていた近代都市の形成は多くの社会問題を引き起こすこととなった。工場で働く女性や子供たちの低賃金や長時間労働などの過酷な労働条件や、不衛生な生活環境や地下室に数家族がともに住むなどの劣悪な住環境が人々を苦しめた。地主や教区聖職者などによる教区民への保護のあった従来の村落や町とは異なり、何十万人もの見知らぬ人々から成る近代都市では、失業者などへのセイフティーネットが甚だ乏しく、不況が来れば栄養不良や疫病で病人や死者が増え、また一部の女性たちは家族の飢えをしのぐために街頭で身を売ることさえもした。イギリスでは一八七〇年代まで初等教育もなく、多くの貧しい人々は負の社会的スパイラルに陥った。また都市の退廃した社会ではギャングが幅を利かせ、卑劣な反社会的行為を繰り広げたりもした。人口数十万人へと人口が急増した各都市でのこのような深刻な社会問題に苦しむ人々へのケアに関しては、どのキリスト教諸派も経験や術に乏しく、また必要とされる財力もなかった。イギリスをはじめ世界各地のキリスト教諸派にとって、急速に広まる「都市問題」は新たな大きな挑戦となった。

「近代都市形成期のキリスト教社会事業」と「信仰ゆえの苦悩（困難）」の二つの視点から各パネリストには、これまでの自分の蓄積した研究をベースに、これぞと思う歴史上の人物や事項を選択し、自由に論じてもらうことにした。シンポジウムのコメンテーターには、それぞれの報告の要点を抽出し、一見したところ関連性が無いようなパネリストの各報告を関連づけて論点を整理してもらい、また、パネリストと参加者に向けてコメントを示したり新たな問いを投げかけたりしてもらった。シンポジウムの最後には、司会者のもと、他の大会参加者もキリスト教史についての自分自身の研究をベースに議論に加わり、パネリストの論点や解釈の補強や修正・否定、あらたな論点の提示などを繰り広げながら、キリスト教社会事業の本質とは何かを全参加者が自ら模索できるようにすることとした。イエスの説いた「愛」に基づいて連綿と続けられてきた営み（事業）は、キリスト教の歴史の中核をなすものであろう。この営みの全貌や本質は、キリスト教史の研究にたずさわる大勢の研究者によってなされる自由な議論でこそ見えてくるのではないかとの思いが反映されて、シンポジウムの全体の構成が企画された。

シンポジウムでは、イギリスの近代都市形成期のキリスト教社会事業については馬渕彰（日本大学：当会員）が、ドイツについては平松英人氏（東京大学：当会員）がパネリストを務めた。アメリカの事例研究は日本キリスト教社会福祉学会会長の木原活信氏（同志社大学）がイギリスの事例と比較しながら報告し、日本については片山潜を研究されている永岡正己氏（日本福祉大学）が報告した。また都市論を専門とする大岡聡氏（日本大学）には近代都市東京の形成期における神田周辺の特徴などを語ってもらった。そして、ドイツ敬虔主義とローマ・カトリックの慈善事業などを研究している猪刈由紀氏（上智大学：当会員）がコメンテーターを、上海ＹＷＣＡの歴史研究をしている石川照子氏（大妻女子大学：当会員）が司会を務めた。

この書には、シンポジウムの三人の報告者（馬渕・平松・木原）とコメンテーター（猪刈）の発題に基づいた四つの論文がおさめられ、各論文が一つの章となっている。各章では、当然のことながら近代都市の都市問題へのキリスト教社会事業そのものが中心に論じられていくが、近代都市形成の流れと並行して広がり始めた新たな価値観や社会的理想像の渦の中でキリスト者が揉まれ悩んでいく姿も描かれることとなる。数十万人もの人々が居住し異なる様々な価値観や社会的理想像が混在し互いに競いあう近代都市の文化・社会空間は、まず国教会を国制の要とするプロテスタント国家イギリスに始まる。その後、カトリックとプロテスタントの入り混じる複数の領邦国家をナショナリズムのもと統一する方向へと向かうドイツにもその文化・社会空間は現れ、さらに、国定教会は持たないが各派のヴォランタリなキリスト教的活動の活発なアメリカ合衆国にも広がっていき、そしてキリスト教への警戒心や対抗心を抱く人々が多く住む日本でもその文化・社会的空間が生じる。一九世紀以降、各地・各時代のキリスト者は人類史上まれに見るこの激動の渦の中でそれぞれ己の信じるところに従って苦闘していかなければならなくなる。社会事業黎明期の信仰ゆえの苦悩とは、この急速に変容していく摑みどころのないダイナミックな近代都市空間形成期の渦の中でそれぞれのキリスト者が揉まれ藻掻くなかで生じたものである。「キリスト教信仰による個人的救いのみではなく、社会的救いをも」との熱意を抱いて都市問題に果敢に挑戦する者から、またあたかもパンを膨らめて役割を果たし終えたイースト菌のように「キリスト教信仰による個人的救い」を滅し「社会的救いこそ」に至った者まで、本書の扱う近代都市形成期のキリスト教社会事業にたずさわった人々の信仰ゆえの苦悩は幅広い。

近代都市形成期にかぎらず、人は誰もがこの世で苦しむように定められており、キリスト教と社会事業（慈善活動などの営み）はどの時代・どの地域の歴史においても切り離して語れない。近年、社会事業や社会福祉に関連して、日本においてもチャリティやフィランソロピーの歴史研究が盛んになされ、注目されている。しかし、キリスト教の信仰そのものの視点からなされている研究は多くないように思われる。キリスト教信仰の視点から社会事業（福祉事業）の歴史を紐解くこの書が、何らかの点でキリスト教史研究を進展させる一つの契機となれば幸いである。

本書には、シンポジウムで日本に関して報告した大岡聡氏と永岡正己氏の発題を基にした論文を掲載できなかった。大岡氏は、発題内容がそもそも論文作成を想定したものでなかったことやキリスト教史研究者でないことなどの理由で論文提出を躊躇された。また、永岡氏は本書の刊行直前まで原稿の完成を試みてこられたが、健康上の問題などにより論文提出を断念された。シンポジウムの目玉であっただけに、この二人の論文の欠如は誠に残念である。

シンポジウムからこの書の出版までに三年もの長い期間をかけてしまうこととなり、教文館出版部、特に髙橋真人氏には多大な迷惑をおかけすることとなってしまった。ここでお詫びを申し上げるとともに、最後まで出版を支援してくださったことに感謝の念を表したい。また、出版の遅れを認めてくれたキリスト教史学会の理事長および理事会の諸氏にも大いに助けられた。最後に、筆者が卒業論文に着手した際に「メソディスト運動は、貧しい人々を抜きにしては理解できませんよ」と助言してくださり、その後もずっと筆者の研究を応援してくださったメソディスト史研究者・故岸田紀先生と、大学生の筆者を上京の際に駅まで見送りに来てくださった聖隷福祉事業団創設者・故長谷川保夫妻、特に、その時に社会改革について意気込んで口走った筆者に対し、信仰に目をしっかり向けるよう厳しい口調で叱ってくださった長谷川夫人に感謝の意を心より表したい。このお二人の言葉がなければ、この書は存在しなかったと思う。

第一章　慈善活動でのJ・ウェスレーとW・ブースの「信仰ゆえの苦悩」

――イギリス近代都市の社会事業メソディスト起源論をめぐる一考察

馬渕　彰

はじめに

本章では「苦悩」の所在こそ信仰の「核心」だと想定し、その「核心」からメソディスト派の創設者ジョン・ウェスレー（一七〇三―一七九一）の慈善事業と救世軍の創設者ウィリアム・ブース（一八二九―一九一二）の社会事業に光をあて、「ウェスレーがキリスト教社会事業の創始者であった」との通説と「救世軍こそがウェスレーのキリスト教社会事業の継承団体である」との通説のそれぞれの真偽を検証しつつ、今日の研究では不可視となっているウェスレーの慈善活動やブースの社会事業の歴史的実態を浮かび上がらせることを試みる。

近年、イギリスでの慈善・社会事業の歴史に関する優れた研究が日本において数々発表されている。だが、それらの多くはキリスト教信仰を活力とした事業への関心は低く、ウェスレーやブースの事業は周辺的なものとして扱われたり、あるいは全く言及されていなかったりする。(1)近代都市形成期、実際には非キリスト教的な慈善・

(1)　金澤周作著『チャリティとイギリス近代』（京都大学出版会、二〇〇八年）ではメソディストへの言及は一か所、ウェスレーに関しては皆無である。

社会事業にも劣らずキリスト教諸派は多岐にわたる数々の慈善・社会事業を展開して歴史的役割を果たしており、それらの事業の活力の源である信仰心も確かに力強く息づいていた。その形跡がまぎれも無く当時の資料の随所に存在するにもかかわらず、今日の歴史研究では光があてられない。その原因は、キリスト教史についての深くかつ幅広い知識が不可欠との思いによる敬遠、あるいは今日の価値観や関心事のみに狭められた研究姿勢などにあるのかもしれない。本章は「苦悩」の所在こそ信仰の「核心」だと仮定したうえで、今日の研究では不可視となっているウェスレーの慈善活動やブースの社会事業にこの「核心」から光をあてることで歴史的実態の一側面を浮かび上がらせる一つの試みである。「信仰ゆえの苦悩」を問うことに加え、別の角度からも光をあててウェスレーとブースの慈善・社会事業の歴史的実態を浮き彫りにするために、この章ではキリスト教界の一部などで語られている「ウェスレーがキリスト教社会事業の創始者であった」との通説と「救世軍こそがウェスレーのキリスト教社会事業の継承団体である」との通説のそれぞれの真偽の検証も試みる。

J・W・ブレディ著『ウェスレー前後のイングランド――福音的信仰復興運動と社会改革』（一九三八年）は、E・アレヴィの書（一九二四年）から次の文章を引用している。[2]

「一九世紀イングランドの際立った特徴の一つである社会事業団体によるおびただしい数の活動において、ウェスレーの信仰復興運動によって果たされた役割をどれほど評価してもし過ぎることはないであろう」。

このようにウェスレーを一九世紀以降の社会事業の先駆者であったとする見解は、日本の近年の研究においても見られる。

「ウェーバー（Weber, M.）の指摘で有名になった、ウェスリー（Wesley, J.）が言った〝できるだけ儲け、できるだけ蓄え、そしてできるだけ施せ〟という市民倫理は、人々の貧困階層に対する関心と、具体的な援助に道筋を与えた。それは、ウェスレィ《（ママ）》が設立したメソジスト教会が、宗教的な布教とともに、この後社会事業を積極的に担い、やがて社会改良主義の思想的先駆となった趨勢（ブース（Booth, W.）の活躍）からもわかる[3]」。

「国家の福祉対策の不十分さを、キリスト教信仰に内発的に目覚めた近代市民としての個人が重要な役割を果たした。……特にメソジストを軸とする信仰覚醒運動では、福祉領域へのかかわりにも中心的な顕著な活躍をしたという事実も忘れてはならない[4]」。

（2）　Elie Halévy, *A History of the English People in 1815*, p. 372. John Wesley Bready, *England: Before and After Wesley, The Evangelical Revival and Social Reform*, Hodder and Stoughton, 1938.　引用文は 'Chapter XXII Creative Social Service' の冒頭にある。*Ibid*., p. 403.

（3）　中村優一ほか監修『エンサイクロペディア社会福祉学』（中央法規出版、二〇〇七年）、遠藤興一「慈善と博愛の思想」二七五頁。同書、平山尚「社会福祉理論（アメリカ）」（三一六―三一七頁）では、「一九世紀の大部分と二〇世紀のアメリカの社会福祉の特質の理解をするうえに重要な文化的、政治的、社会的に絶大な影響を与えた思想には多少なりとも変化が認められても基本的にロック（Locke, J.）、スミス（Smith, A.）、ベンサム（Bentham, J.）などに代表される人物の思想によって形成されたと考えてよい。また、ルター（Luther, M.）、カルビン（Calvin, J.）、ウェスリー（Wesley, J.）などの宗教改革者の貢献も無視することができない。これらの改革者の思想がアメリカ社会の自由主義経済、政治的自由、功利主義を形成する原動力となったのであった。さらに、これらの思想が、個人主義、自己責任、働くことの道徳的価値、また、集団と中央政権に対する不信感の発展につながった」と述べられている。

（4）　日本キリスト教社会福祉学会編『日本キリスト教社会福祉の歴史』（ミネルヴァ書房、二〇一四年）、木原活信「第一章　世界のキリスト教社会福祉の歩み」二六頁。

一九世紀後半イングランドにおいて英国国教会に次ぐ礼拝出席者数を誇り、当時の政治・社会改革運動の各方面で指導者や協力者を輩出したメソディスト諸派の歴史に鑑みれば、ウェスレーやメソディスト派を後世の社会事業（社会福祉）の祖であるとする解釈が存在しても不思議ではない。しかし、次に紹介する、救世軍に関する歴史解釈には多くの議論の余地があると思われる。

ウェスレーの死後、メソディスト連合協会はいくつもの分派へと分かれていき、一九世紀後半に創設された救世軍もそのうちの一つである。創設者ブースは同時代の他のメソディスト諸派を批判し、救世軍の社会事業こそがウェスレーの教えを忠実に実践していると表明した。この解釈を日本の救世軍出版供給部も継承し、一九九三年出版の書で次のように記している。

「ブース大将は……ジョン・ウェスレーにずっと強い印象を抱いていて、『自分はウェスレーのやり残した仕事にとりかかるのだ』と言ったほどである。ウェスレーの死後、メソジスト派は晶化《ママ》して明確な形をとるようになった。なぜならその自然の成長がウェスレーの死によって阻まれてしまったからである。ブースはこう言っている。『救世軍は、ウェスレー派がもし、ウェスレーの死によって成長を止めなかったら、たどり着いたであろうことを、代わってしているのである。救世軍がメソジストを祖としていることには、何ら疑いがないのであって、これは宗教的側面と共に、社会事業的側面においても気づくことである(5)』」。

オックスフォード大学修士号を有し、保守的な英国国教会高教会派の立場に立ち、聖職者のガウンに身を包み、精錬された立ち振る舞いで人々の信仰生活を指導した司祭ウェスレーと、学問を不得手とし、軍隊を模した伝道団体を指導し、スラム街を拠点に軍服調の制服姿で路傍に立ち軍隊用語を交えて布教したブースといった両者のイメージの間にはかなりの隔たりがある。救世軍の社会事業こそがウェスレーの教えと実践の継承であるとの解釈が歴史的に妥当であるかの判断を下すには、救世軍の社会事業のどの点にその根拠があるのかを示す必要と、なぜ他のメソディスト諸派の社会事業がウェスレーの教えや実践に忠実でなかったとされるのかの根拠を示す必要がある。本章では前者の点に絞って考察する。

ウェスレーとブースの間には約一〇〇年もの隔たりがある。この約一〇〇年間を経て慈善活動へのウェスレーの教えや実践のうち、何が後世のメソディスト諸派の慈善（社会）事業に継承され、またどのように変容したかについて正確に掌握するには大掛かりでかつ詳細な調査が必要であり、本章では到底扱えない。そこで本章では論点を意図的に一点に絞る。まずウェスレーの慈善活動での「信仰ゆえの苦悩」を彼の説教集から抽出し、次にその苦悩に等しいものをブースも抱いていたのかを確認する。この手順で、ブースをウェスレーの後継者とする解釈が可能であるかを検証する。

主な一次資料として、ウェスレーに関しては刊行されたウェスレーの説教と日誌を、救世軍に関してはウィリアム・ブース著『最暗黒の英国とその出路』を用いる。主な二次資料は、ウェスレーに関してはノース著 *Early Methodist Philanthropy* とハイツェンレーター編著 *The Poor and the People called Methodists, 1729-1999* を用い、救世軍に関してはハタスリィ著 *Blood & Fire: William and Catherine Booth and Their Salvation Army* を主に参考にした。(6)

（5） 救世軍出版供給部『救世軍のルーツ探訪』（救世軍出版供給部、一九九三年）一一―一二頁。

（6） ウィリアム・ブース著、山室武甫訳、岡田藤太郎監修『最暗黒の英国とその出路』相川書房、一九八七年（William Booth, *In Darkest England and the Way Out*, Salvation Army, 1890）。Eric McCoy North, *Early Methodist Philanthropy*, Methodist Book Concern, 1914. Richard Paul Heitzenrater (ed.), *The Poor and the People called Methodists, 1729-1999*, Kingswood Book, 2002. Roy Hattersley, *Blood & Fire: William and Catherine Booth and Their Salvation Army*, Abacus, 1999. 次の書はブースと救世軍に関する学術書であり、先行研究での数々の論点を知るのに有用である。Ann M. Woodall, *What Price the Poor? : William Booth, Karl Marx and the London Residuum*, Ashgate Publishing, 2005. ブースへのウェスレーの影響を論じた箇所もある。

一　ウェスレーと慈善活動

ジョン・ウェスレーはイギリス国教会司祭であり、一七五一年に結婚するまではオックスフォード大学リンカン・カレッジのフェロー（特待校友）でもあった。彼は、一七四一年にメソディスト連合協会（the United Societies of Methodists）を設立すると、その組織が設けた各地の拠点を中心にブリテン諸島およびアイルランドの人々の信仰指導に終生尽力した。ウェスレーやメソディスト派の指導者たちは各地で宣教活動を通じて福音信仰へと人々を導き、それらの人々をメソディスト連合協会の会員としていった。また、各地にはすでに福音主義の信仰を持つ人々も存在しており、ウェスレーはそれらの人々もメソディスト連合協会に取り込んでもいった。ウェスレーは、メソディスト連合協会を新たな教派として一つの独立した教会にすることは望んでおらず、あくまでも会員同士が互いに励ましあい、福音主義の信仰に基づいた信仰生活の実践を追求し、すべての教派に奉仕するための宗教的ヴォランタリ・ソサエティのようにみなしていた。

A　慈善活動のためのメソディスト運動

メソディスト連合協会結成の二年後の一七四三年、ウェスレーは連合協会の「規約」を定めた。そこには、入会条件が「迫りくる御怒りから逃れ、罪から救済されること」への願望があることだけと記されている。しかし、その願望を抱き続けている証しとして次のことを求めている。第一は、あらゆる悪を避けることによってその願望を示すこと。そして、第二は、他者への善を実践し、その願望を示すこと。以下がその記述である。

「第二に、善を行ない、あらゆる場合に自分の力に応じて憐れみ深くあることによって。機会のあるごとに、なし得るあらゆる種類の善を、可能な限りすべての人に行なう。その身体に対しては、神の与えてくださった能力にしたがって、飢えた者に食物を与え、裸の者に着せ、病気の者や獄にいる者を訪い、助けることによって。その魂に対しては、『私たちがその気にならなければ善を行なわなくても良い』というあの悪魔の熱狂的な教義を足下に踏み付け、出会う者すべてを導き、責め、励ますことによって。殊に信仰の家族の者に善を行ない、あるいはそのようにあろうと切に努力し、他の人に優先して彼らを雇用し、あるいは取り引きし、事業において互いに助け合い、ますますそのように励むことによって。なぜなら、世は己に属する者を愛し、それのみを愛するであろうから。あらゆる勤勉と質素な暮らしによって福音が非難されることのないようにし、日々自分を捨て、自分の十字架を負い、キリストに対する非難を甘んじて受け、世の塵、かすのようなものとなり、そして主のために、人々がありもしないことで悪口雑言を言うであろうと覚悟しながら、前に置かれた競争を忍耐をもって走ることによって」。(7)

「規約」から分かることは、メソディスト派は回心や聖化に人々を導くことだけのための組織では決してなかったということだ。設立当初の連合協会は、慈善活動実践のための組織でもあった。

ウェスレーは生涯を通じて慈善の実践を会員に強く要求しており、彼の説教集にもそのことがよく表れている。最初の説教集を一七四六年に出版して以来、ウェスレーは新たな説教を追加しながら一七四八年、一七五〇年、一七六〇年、一七七一年、一七八五年と説教集を刊行し続け、最終的には収録説教は一〇〇以上となった。メソ

(7) J・ウェスレー、C・ウェスレー著「メソジストと呼ばれる人々の［会］の規約全文」、ジョン・ウェスレー、蔦田二雄著『教役者ライブラリー［3］メソジズムの考察』(イムマヌエル綜合伝道団教学局、一九九二年) 六二―六三頁。John Wesley and Charles Wesley, *The Nature, Design, and General Rules of the United Societies, in London, Bristol, Kingswood, Newcastle-upon-Tyne, &c.*, 1743, in John Wesley, *The Works of John Wesley, Vol. VIII Addresses, Essays, Letters*, rep. 1986, Baker Book House, pp. 270-271.

ディスト連合協会の公式な教理基準書となった一七六二年の説教集は四四の説教を収録しているが、この『標準説教集』には慈善活動そのものをタイトルとした説教は一つもない。[8] しかし、一七四〇年代頃執筆の説教において、慈善活動の重要さが繰り返し説かれている。説教番号 XXI から XXXIII の連番が付されている一三にもおよぶイエスの「山上の垂訓」に関する一連の説教では、キリスト教信仰の救いには慈善活動の実践が不可欠であるとのウェスレーの信仰理解が明確に示され、その実践での注意点が繰り返し説かれている。[9] 以下、それらの説教から本稿に役立つと思われる点をまとめてみる。

地の塩、世の光（マタイの福音書五章一三―一六節）に関連する説教 XXIV では、キリスト教は本質的に社会的信仰（a social religion）であると切り出す。そして、他者との関係を持たない孤立した信仰は、まさにキリスト教の破滅につながると警告する。[10] 信仰による義を軽視してしまうとの不安から社会的信仰の実践をためらったり、あるいはこの世の悪人と思われる人々への慈善は徒労であり不要などと考えたりしている信仰者たちの思い違いを、ウェスレーは正そうと努めている。

律法や預言者を廃するために来たのではない、また誰でもその人の義が律法学者やパリサイ人の義に勝らなければ天国に入れないとのイエスの言葉に関連した説教 XXV は、信仰のみの大切さを説き、律法のすべてを否定している人々の誤った信仰理解を嘆く。ウェスレーは信仰だけに留まるならば、それは滅びに至る道だと断じ、愛による業を伴う信仰の大切さを説く。慈善活動や献金・律法厳守は神の命令であり、これらのいずれの命令をもパリサイ派は忠実に実践しており、そのレベルは我々の想像を超えた素晴らしいものだったとウェスレーは詳説する。彼らの実践は見せかけの偽善ではなく神に対する真摯なものだったに違いなく、教会を迫害していた時のパウロも神に対して自分が誠実であると信じていた。だが、その真面目さゆえに自分こそが義人であると信じ込み、他者を見下していた。イエスは、そのようなパリサイ人について天国に入れないと断言した。ウェスレーは、パリサイ派と同じ過ちに陥らないように警告し、神と人への愛という聖なる内面から生じる実践こそがパリサイ人の義を超えさせると説いている。[11] この点を踏まえた上で、ウェスレーは信仰による聖なる心だけでなく、困っている人々への慈善の実践においてもパリサイ人を超えるよう訴える。

人に見せるために人前で善行や祈りをするなどのイエスの教えに関連する説教XXVIでは、人前での慈善の実践に対するキリスト者のある種の戸惑いや勘違いを払拭しようと、ウェスレーは努める。イエスは、祈禱や断食などの「敬虔の業（works of piety）」と、施し（almsgiving）などの「愛・憐れみの業（works of charity or mercy）」の両方を実践するように命じている。だから、我々も衣食を欠いている人々を助け、旅人をもてなし、病人や囚人を見舞い、悩む人々を慰め、無知な人々を導き、邪悪な人々を諫め、善人を励ますといった、隣人の益となる善を実行すべきだとウェスレーはまず示す。そのうえで、これらの慈善が人に見られないようにせよとのイエスの命令についての解説に移る。この命令の真意は、慈善の実践が他人に見られること自体ではなく、パリサイ人のように周囲からの賞賛を得たり自分の栄光を示したりするのを目的とする気持ちで慈善を実践することが神の前では無価値だという問題、つまり動機の純粋さに関することであり、人に見られることを完全に禁じているのではないと力説する。[12]

（8） Jeffrey W. Harris, 'Sermons on Several Occasions' in *A Dictionary of Methodism in Britain and Ireland*, p. 313. 初期メソディスト派の「公の教理基準書」には他にウェスレー著『新約聖書注解』（一七五五年）があり、またウェスレー兄弟編著『讃美歌集』も含まれる場合がある。これについては次を参照せよ。清水光雄『民衆と歩んだウェスレー』（教文館、二〇一三年）一九一—一九七頁。David J. Carter, 'Doctorial Standards' in *A Dictionary of Methodism in Britain and Ireland*, p. 97.

（9） 'Upon Our Lord's Sermon on the Mount Sermon' と題された一三の説教がある。John Wesley, *The Works of John Wesley*, Vol. V, Sermons Vol. I, pp. 247-433. 特にXXIVからXXVIIIとXXXからXXXIIIの番号が付された説教において慈善活動に関連する教えが説かれている。清水『民衆と歩んだウェスレー』一九三—一九四頁。

（10） Wesley, *Wesley's Works*, Vol. V, Sermons Vol. I, 'SERMON XXIV', pp. 294-310. 社会的信仰については *Ibid.*, pp. 296-7.

（11） Wesley, *Wesley's Works*, Vol. V, Sermons Vol. I, 'SERMON XXV', pp. 310-327.

断食の際に沈んだ顔つきをしてはならないとのイエスの教えに関する説教XXVIIでは、業（行い）と信仰が対立するとサタンが人々に刷り込もうとしている策略を、ウェスレーは警戒する。人に気づいてほしいとの思いで断食することをイエスは批判したが、断食それ自体を否定しているわけではない。人に気づいてほしいとの思いではなく、神の前で正しい思いで行なえば信仰を益する恵みの手段（means of grace）となると説く。施しや憐れみの業も同様であり、ウェスレーは神の好む断食について書かれたイザヤ書五八章六節以下を引用し、施しや憐れみの業の実践を強く促す。[13]

地上に宝を蓄えるな、からだの明かりは目であるとのイエスの教えに関する説教XXVIIIでは、ウェスレーは明かりとは神のみを見つめることで得られる神の知識・聖潔・喜びであると説明し、地上での富の蓄積に心を奪われ金銭の使い方を誤ることはその明かりを失って死んだキリスト者となる自殺行為だと警告する。もし必要以上に貯まった金銭を他者への慈善に費やさないならば、高額な飲食や衣服や住居などにそれを費やすに違いなく、それは単なる無駄遣いではなく自分自身を傷つける悲惨な結果に至り、貧者に富を施さないことは自分に毒を買うことと同様だと、ウェスレーは記す。その富を必要としている者がいるのにそれを渡そうとせず、貧者や飢えた者、裸の者、寡婦、孤児から奪っている者が、神に何と弁明し天国に行けるのか。だから、我々は神から与えられた権威のもと、慈善を実践するよう常に富裕者に要求するのだとウェスレーは語る。[14]

ウェスレーの晩年でも慈善を重視する姿勢は変わらない。一七八〇年代半ば以降刊行の説教集には慈善活動を示す題がつけられた説教XCI『チャリティについて（On Charity）』（一七八四年執筆）と説教XCVIII『病人への慰問（On Visiting the Sick）』（一七八五年執筆）が収められている。以下、『病人への慰問』に注目する。[15]

この説教では、マタイの福音書二五章三六節「私が病気の時にあなたは私を訪ねてくれた」の聖句を冒頭に掲げ、聖書の学びや聖体拝領や公私の祈禱や断食などの敬虔の業と同様に、憐れみの業は恵みの手段だと切り出す。憐れみの業を軽視し続けると、すでに得ていた恵みをも失うと警告する。飢えている者を食べさせ、渇いている者に飲ませ、裸の者に着せ、旅人をもてなし、牢獄にいる者を訪ねる者は天国を受け継ぐが、反対に最も小さな者たちにそれらの善を実践しない人々は悪魔とその仲間のために備えられた永遠の炎の中に投げ込まれるとのイエスの言葉に言及して、この重大な真理が理解されず、神を愛すると表明する人々にさえ影響を与えていないのは不思議だとウェスレーは語る。(16)

「病人への慰問」の病人とは、身体であろうと心であろうと苦しみにある人だと定義し、訪ねる（visiting）とは医者を派遣するといった代わりの者に任せるのではなく、自分自身で実際に病人を訪ねることだと訴える。裕福な人々が貧しい人々に同情しない大きな理由は、実際に貧しい人々を訪問してその人々に接していないからだと指摘する。代理人に任せてしまうならば、自分の心に謙虚さや忍耐、優しさ、悩む人々への同情などは生じない。実践によってこそ、慈善活動への自分自身の資質の無さに気づいたり、自分自身を誇る誘惑の危険に怯えたりする。それらの自分の弱さを認識してこそ、人はすべての善き物の源である神に真剣に祈るようになるのだとウェスレーは説明する。(17)

---

(12) Wesley, *Wesley's Works*, Vol. V, Sermons Vol. I, 'SERMON XXVI', pp. 327-343. 純粋な動機による憐れみの業の実践について解説は最初の数ページ（*ibid*., pp. 328-330）のみであり、残りは敬虔の業である祈禱および「主の祈り」の解説にあてている。

(13) Wesley, *Wesley's Works*, Vol. V, Sermons Vol. I, 'SERMON XXVII', pp, 343-360. 正しい動機での断食が恵みの手段となることは説教の冒頭（*Ibid*., pp. 343-4）で、慈善も同じ原則で神が定め命じていることは最後（*Ibid*., pp. 354 and 360）で説明されている。

(14) Wesley, *Wesley's Works*, Vol. V, Sermons Vol. I, 'SERMON XXVIII', pp, 360-377. 富裕者への富への警告や忠告は特に説教の最後の部分（*Ibid*., pp. 374-7）で語られている。

(15) 執筆年に関しては以下を参照。Brank Baker et al. ed., *The Bicentennial Edition of the Works of John Wesley*, Vol. 3, A.C. Outler ed., *Sermon, III, 71-114*, Abingdon Press, 1986, pp. 290 and 384.

(16) Wesley, *Wesley's Works*, Vol. VII, Sermons Vol. III, 'SERMON XCVIII', pp, 117-127. 憐れみの業を恵みの手段とし、それが実施されていないことへのウェスレーの嘆きは pp. 117-118 に記されている。

この後、ウェスレーは「病人」への物質上および信仰上の具体的支援方法をそれぞれ記す。自分自身の富や財が足りず物質的な支援ができない場合には、人々の心を動かす神に信頼し、他の力ある人々の助けを借りることをウェスレーは勧める。「貧しい人々のための物乞いを決して恥じるな」と命じる。[18]

神は天地創造の時より、神の国を受け継ぎたいと願う貧者富者や老若男女問わず全ての者に対して等しく義務として慈善を課しているとし、ウェスレーは富者・貧者・老人・若者の順にそれぞれ為すべきことを示す。特に、女性はこの名誉ある業に参与するようウェスレーは強く勧める。「女性は見えても良いが聞こえてはいけない」存在とされて、愛想のよい玩具かのように育てられているが、これは女性への最も思いやりのない忌まわしい残虐行為であると語り、ウェスレーは、女性はこの恥ずべき拘束にこれ以上服すべきではないと勧める。女性も男性と同様に理性を備え、神の似姿に創造され、永遠の命に与り、「すべての人々に善を行なう」ようにと神から召されており、自分自身の業に応じてその報いを得よと強く促す。[19] このウェスレーのメッセージは、彼の死後に一九世紀ヴィクトリア朝時代のイギリス全土で女性が時の声をあげ社会事業に参与していく際に大きな支えになったに違いない。[20] ウェスレアン・メソディスト派のキャサリン・マンフォード（のちの救世軍大将の妻キャサリン・ブース）も、ウェスレーの女性観に支えられたその一人であろう。[21]

B　メソディスト連合協会の慈善活動

メソディスト連合協会は、その「規約」やウェスレーの説教から分かるように、設立当初から慈善の実践も目的としていた。このことをもって「ウェスレーが今日のキリスト教社会事業の祖である」と結論づける前に、実際の慈善活動の内容を概観しておきたい。

メソディスト連合協会が実践したすべての慈善活動を、ウェスレーが発案した独自のものだと捉えるのは早計である。メソディスト連合協会設立以前のウェスレーは、国教会教区司祭であった父サムエルの教区の慈善事業にも、また父子ともに参与したキリスト教知識普及協会（ＳＰＣＫ）の慈善活動にも早くから接していた。ウェスレーにルター的な福音信仰による回心体験の大切さを教えたのはドイツ敬虔主義のモラヴィア派であるが、ウェスレーはドイツ敬虔派の拠点であるハレやヘルンフートなどを訪ね、現地の諸活動を視察している。[22]メソディスト連合協会設立後には、ジョージ・ホイットフィールドがアメリカ植民地で早くに手掛けた孤児院設立をはじめ彼の慈善活動に関心を持ち、ウェスレーは一七七〇年の追悼説教で彼の慈善活動を褒めたたえている。[23]また、アルコール依存や売春などの都会の退廃的風潮に染まったロンドンの社会問題が深刻となった一八世紀半ば、この社会問題をキリスト教信仰に基づいて解決しようと教派の枠を超えて結集した信仰指導者たちがマナー改善協

(17) 病人への慰問の解説については次の個所に記されている。*Ibid.*, pp. 119-120. フランス王妃たちの実践をイングランドの上流婦人や伯爵夫人も見倣うべきだと説く。

(18) 恥じるなとの命令は *Ibid.*, p. 121を見よ。女性については *Ibid.*, pp. 125-127.

(19) 慈善実践の義務が誰に課せられているかについての記述は、*Ibid.*, pp. 123-127にある。

(20) フレッチャー夫人をはじめウェスレーと同時代の女性が慈善活動を実践した。North, *Early Methodist Philanthropy*, pp. 123-124. 吉田久一・岡田英己子著『社会福祉思想史入門』(勁草書房、二〇〇〇年)。この書の八九―九四頁には「第I部　欧米の社会福祉思想史、第四章　博愛事業思想と市民主導型ボランタリズム、2　福音主義運動の影響と「レディの使命」　イギリス国教会の実態と福音主義運動――メソディストやクエーカーの役割」と題した箇所で、「レディの使命」をキーワードに同じような解釈を示している。ただし、ウェスレーのこの説教への言及はない。

(21) Andrew M. Eason, *Women in Gods' Army: Gender and Equality in the Early Salvation Army*, Wilfrid Laurier Univ. Press, 2003, pp. 22-23 and 96-97. このウェスレーの説教への彼女の言及は未確認。

(22) ＳＰＣＫの慈善活動との関係は清水『民衆と歩んだウェスレー』九三頁を見よ。一七三八年にウェスレーはハレでＡ・Ｈ・フランケが設立した教育・慈善施設を訪ねている。また、ヘルンフートやイエナでも教育・慈善事業に接している。Eric McCoy North, *Early Methodist Philanthropy*, pp. 22-24 and 133-135.

(23) Wesley, *Wesley's Works*, Vol. VI, Sermons Vol. II, 'SERMON LIII, On the Death of Mr. Whitefield', pp. 167-182. 孤児院への言及は pp. 171-172にある。

会（The Society for Reformation of Manners）を設立すると、ウェスレーもこの協会に賛同し協力を惜しまなかった（この協会については、ブースに関する本章の後半でも言及する）[24]。その他、ウェスレーは若い頃にアメリカ植民地滞在中に黒人奴隷の惨状を目撃して以来、奴隷貿易廃止を目指す人々の活動に賛同しており、奴隷貿易廃止運動指導者のウィリアム・ウィルバーフォースに励ましの手紙を送っている。また彼の日誌からは、各地の慈善家たちと積極的に交流し、彼ら彼女らの手掛ける救貧施設や学校を見学していることが分かる。慈善説教も各地でしばしば依頼され、ウェスレーは快く引き受けている[25]。日誌に記している数々の読書感想からも分かるようにウェスレーは様々なジャンルの書籍を読む多読の人であり、同時代だけでなく初代教会や中世ローマ・カトリックなどからも慈善活動について多くのことを学んでいた[26]。

では、ウェスレーはメソディスト連合協会でどのようなものを独自に実践したのであろうか。エリック・M・ノースは、代表的な活動として次のような慈善事業を挙げている[27]。

まず、メソディスト協会員を貧困から救うために創設された基金である。貧困状態に陥った協会員に、一時的な救済金がこの基金から支給された。その額は僅かではあったが、生活できないほどの窮地に立たされた協会員にとっては、大きな助けとなった。もし再び貧困状態に陥ったとしても一時金の支給を見込めるとの希望が、協会員に与えられた[28]。

貧しい人々への医療や薬の提供もなされた。ウェスレーは各地の市町村を毎年巡回し、宗教施設だけでなく公共施設や市場などの野外でも説教をし、貧富の差や性別・職業・所属教派・年齢などの違いを超えた無数の人々に接触する機会を得、深刻な健康問題を抱えて苦しむ貧しい人々の苦境を知ることとなる。ウェスレーは若い頃から解剖学や薬学などの書物に興味を抱いて読んでいたこともあり、軽い病気の者に限ってだが、自ら治療を施すことを始めた。また、メソディスト連合協会のいくつかの説教所では薬も提供した。かねてからベンジャミン・フランクリンの電気実験にも関心のあったウェスレーは、電気治療器を三台購入し、身体の不調に苦しむ人々の治療に用いた。また、医学的知識を得るすべがない貧しい人々のために、ウェスレーは平易な文章で家庭用医学書を執筆してもいる。その医学書は何度も再版され、一九世紀に入ってもイギリスの貧しい家庭の本棚に置かれていた。(29)

監獄への囚人慰問活動も、メソディスト連合協会の慈善活動に含めることができる。ウェスレーと一部のメソディスト協会員は、積極的に囚人慰問を実践した。死刑執行の際には囚人とともに処刑台まで一緒に歩き、処刑を見学しに来た野次馬たちの興味本位な眼差しや罵声を囚人とともに浴び、処刑執行の恐怖に怯える囚人たちとともに祈った。(30)

ロンドンやブリストルなどの都市においては、ウェスレーは失業者への仕事斡旋やローン提供も試みている。

---

(24) Wesley, *Wesley's Works*, Vol. VI, Sermons Vol. II, 'SERMON LII, Preached Before the Society for Reformation of Manners', pp. 149-167.

(25) North, *Early Methodist Philanthropy* の 'APPENDIX XXIV Methodist Charity Sermons' (pp. 169-173) に解説と『(ウェスレーの)日誌』に記された慈善説教の実施日のリストがある。

(26) 例えば、フランシスコ会やドミニコ会の托鉢修道士などに始まり「新しき信心（Devotio moderna）」へと発展した貧者についてのカトリック的伝統がトマス・ア・ケンピスやウィリアム・ローなどの書を介してウェスレーに引き継がれているとキャンベルは論じる。Ted A. Campbell, 'The Image of Christ in the Poor: On the Medieval Roots of the Wesleys' Ministry with the Poor', in Heitzenrater ed., *The Poor and the People called Methodists*, pp. 39-57.

(27) 清水『民衆と歩んだウェスレー』の「第二章　メソジストの支援活動」（九一―一七九頁）はウェスレーの慈善活動についての具体的事例にも言及した傑出した詳説である。大半が隣人的活動だったとの見解は次を参照。North, *Early Methodist Philanthropy*, pp. 124-125.

(28) North, *Early Methodist Philanthropy*, pp. 30-35.　清水『民衆と歩んだウェスレー』九一―九九頁。

(29) North, *Early Methodist Philanthropy*, pp. 36-52.　清水『民衆と歩んだウェスレー』一三七―一七九頁。清水氏の書によれば、地方の英国国教会司祭には知識人として伝統的に医療的助言も人々から求められていたとのこと。

(30) North, *Early Methodist Philanthropy*, pp. 52-63.

メソディスト男性協会員の多くは職人であったと言われる。彼らが貧困に陥った際は質屋を頼るが、しかし質として仕事道具や家財道具をとられ、仕事の再開の道が閉ざされ、その家族の生活必需品も失われ、窮状はより深刻となる。質屋に批判的なウェスレーは、この解決策として失業者への仕事斡旋およびローンの提供に着手した。[31]

これらの他にも、ウェスレーはブリストル近郊に子供たちのためにキングスウッド・スクールを設立したり、またメソディスト協会の施設を活用して学校や救貧所を設けたりしている。ニューカッスルでも孤児院を開いている。彼は、メソディスト協会員メアリ・ボサンケットが始めた慈善学校の活動を称賛し、その活動に協力している。[32] 若いメソディスト協会員たちの一部が自発的に救貧院への慰問を開始すると、ウェスレーはその救貧院慰問の支援にも力を注いでいる。メソディスト会員ではないロンドンの貧しい人々への社会福祉のために一七八五年にメソディスト会員ジョン・ガードナが自発的に始めたStrangers' Friend Societiesもウェスレーは支援した。[33] ウェスレーが個人的に行なっていた慈善活動も加えれば、彼の慈善活動の数と種類はもっと多くなる。八一歳の老齢のウェスレーが貧困状態に陥った人々の救済のために雪の積もったロンドンで知り合いの家々を行き巡って援助を訴えたとのエピソードは、彼の生涯を少しでも学んだ者ならば知っているであろう。[34]

だが、大半のメソディスト会員にとって可能だった慈善活動は、クラス集会などを通じてのものだったようだ。メソディスト連合協会を支える最も重要なものとウェスレーがみなしたものは、一七四二年に採用されたクラス集会（組織）である。クラス集会とは、各地の協会員が週に一度十数名ずつ集まって開かれる家庭集会であり、そこでは協会員がともに祈り、賛美し、励まし、助けあった。この営みこそが、初期メソディスト派の社会的信仰（a social religion）を培う土壌となったと考えられる。「社会的信仰」の実践のこの仕組みを組織全体で備えていた点で、当時のイギリスの他のキリスト教団体と大きく異なる。イギリス連合王国全土にわたるメソディスト派のクラス組織による慈善の実践は、後のイギリスの慈善事業や社会事業の歴史にとって決して小さな事ではなかったと思われる。

C　慈善活動で経験した信仰ゆえのウェスレーの苦悩

慈善活動の実践において、ウェスレーはしばしば妨害を受けている。たとえば、貧しい人々への医療や薬の提供では、開始後しばらくして彼の医療行為の不適切さを批判する人々が現れた。また失業者への雇用の創出においても、逃亡した幼い女中や解雇された奉公人を雇って私腹を肥やしているとの中傷がウェスレーに対してなされた。[35] 慈善活動でのこのような批判や中傷は、若かった頃にウェスレーはすでに経験済みである。オックスフォード大学教員であったウェスレーが、大学のクラブ「ホーリークラブ」で学生たちとともに市内の貧しい人々や牢獄の囚人に慈善活動を施していた時、彼らは教区司祭たちの管轄で勝手なことをする「出しゃばり屋」だとの非難を他の学生たちから浴びせられ、また、このクラブの会員が死亡した際には世間から誹謗中傷された。[36] ウェ

（31） North, *Early Methodist Philanthropy*, pp. 67-73.　仕事の斡旋は清水『民衆と歩んだウェスレー』九七―九八頁でも言及されている。

（32） North, *Early Methodist Philanthropy*, pp. 76-88 and 99-102.　ニューカッスルでの孤児院は、孤児院として実際にどの程度運営されたか定かではないとされる。清水『民衆と歩んだウェスレー』一二二―一二六頁にキングスウッド・スクールについての記述がある。

（33） Tim Macquiban, 'Friends of All?: The Wesleyan Response to Urban Poverty in Britain and Ireland, 1785-1840', in Heitzenrater ed., *The Poor and the People called Methodists*, pp. 131-160. Strangers' Friend Societies（SFS）の設立や発展の他、ウェスレー死後にＳＦＳが直面した課題や限界、ＳＦＳの歴史的意義が論じられている。

（34） この出来事は一七八五年一月四日付の日誌に記されている。Wesley, *Wesley's Works*, Vol. IV, Journals Vol. IV, p. 295.　日誌には他にも一七八三年九月二六日や一〇月一日付などに貧者のための募金活動が記されている。

（35） 薬の処方への批判は次を参照。North, *Early Methodist Philanthropy*, pp. 42-43 and 143.　「基本的医学知識の欠如との批判」については次を参照。なお、「当時の常識に従った模範的なアマチュア医者」との評価もあったとのこと。清水『民衆と歩んだウェスレー』一五四―一五五頁。仕事の斡旋への中傷は *the Scots Magazine* と *the Weekly Miscellany* の紙面でなされた。North, *Early Methodist Philanthropy*, p. 68.

スレーは若い頃から慈善活動でのこの種の苦悩を経験済みであり、メソディスト連合協会での慈善活動でも同様な妨害が生じることは承知していたであろう。また、ウェスレーやメソディスト協会員は、暴力をともなう妨害活動によって命を失う危険にさえさらされることもあった。だが、ウェスレーはある襲撃事件で暴徒によって町中を引き回され殺されかけた際、不思議なことに心はあたかも書斎にいるような心地であり、身の危険よりもポケットに入れている説教原稿のことの方が気掛かりであったと回顧している。[37] そうであるならば、このような暴力的妨害こそがウェスレーの信仰ゆえの苦悩であったとはみなし難い。

慈善活動では、むしろ内側から生じる精神的・霊的困難にこそ信仰ゆえの苦悩を絶えず抱いていたように、ウェスレーの日誌や説教からは感じ取れる。司祭であったウェスレーが生涯を通じて一貫して苦闘したことは、イエスの教えに忠実に従って神の愛に土台をおく「正しい信仰生活」の道を自分自身も含め人々に歩ませることであった。慈善活動の実践が「正しい信仰生活」に不可欠であったことは、本章ですでに確認した。慈善活動の実践では、広き道であるこの世の価値観に惑わされずに各自が自ら狭き道を選んで歩み続けさせるようウェスレーは厳格に指導する。この指導に関連する内的苦悩は、ウェスレーの初期の説教集でも明確である。以下、メソディスト連合協会を指導し始めて間もない四〇歳代ごろのウェスレーがイエスの「山上の説教」の箇所から説いた一連の説教に再び目を向けたい。

説教XXVでは、パリサイ派の義が律法遵守などの外面的なものに留まっていたためにイエスから咎められたのに対して、キリスト者の義は心の貧しさへの嘆き、謙虚さ、義への飢えと渇き、隣人愛、魂の聖さといった内面的なものであるとウェスレーは指摘する。世間では立派とされるこの世的な基準や慣習や流行に我々が留まったり惑わされたりしてしまうと、死に至る広い道をたどることとなり、外面的なものだけに甘んじたパリサイ人のように天国ではなく破滅に向かってしまうと、ウェスレーは警告する。[38]

「狭き門から入りなさい」とのイエスの教えに関連する説教XXXIは、世間の手本とされ尊敬されている人々が我々にとって広い道へと導く危険な存在となることが多々あると警告する。そのような人々は野蛮でも非常識でもなく、むしろ礼儀正しく、上品であり、洗練され、賢く、知識や学力・理性・説得力を兼ね備えた人々である。その反対に、狭い道を行く者は世間と異なる基準に立っているために、世間からは好ましくないもの（evil）とみなされてしまう。大多数の人々にとっては、聖化（ホーリネス）を追求する道は滅びへの道、反対に世間で評価されている人々の道こそ天国への道だと誤認されている。ウェスレーは、狭い道を選んで善を施すようにと訴えて説教を締めくくる。(39)

「偽預言者たちに気をつけなさい。彼らは羊のなりをしてやって来るが、うちは貪欲な狼です」とのイエスの言葉に関連する説教XXXIIでは、天国に至る道は一本の狭い道であり、この狭い道へと導かない者は羊の皮をかぶった偽預言者であるから警戒せよと、ウェスレーは説く。謙遜・嘆き・謙虚さ・聖なる願望・神と隣人への愛・善の実践・キリストのための受難といったものこそが、その狭き道である。実際はこの道とは異なる道なのに、それらしく「信仰」「慈善」「信仰と業」「悔い改め」「悔い改めと信仰と新たな服従（new obedience）」といった呼称を使って惑わす場合がある。そのような良い表現を用いて信仰的な装いをしていても、もし狭き道とは異なるものを教えているならば彼らは偽預言者であるとウェスレーは警鐘を鳴らす。(40)

---

(36) R. P. Heitzenrater, *Wesley and the People called Methodists*, Abingdon Press, 1995, pp. 44-47.
(37) 一七四三年一〇月二〇日付の日誌にあるウェンズベリーでの暴徒の迫害時のこと。Wesley, *Wesley's Works*, Vol. I, Journals Vol. I, pp. 436-443. 馬渕彰「ジョン・ウェスレー」、堀越宏一編著『侠の歴史 西洋編下』清水書院、二〇二〇年、一八五—一八八頁。野呂芳男『ウェスレー』清水書院、一九九一年、一七四—一七七頁。
(38) 内面的な義によらない実践はどれも死への道にあるとのウェスレーの説明は、Wesley, *Wesley's Works*, Vol. V, Sermons Vol. I, 'SERMON XXV', pp. 325-6.
(39) Wesley, *Wesley's Works*, Vol. V, Sermons Vol. I, 'SERMON XXXI', pp. 405-413. 特にpp. 409-410とp. 413を見よ。
(40) Wesley, *Wesley's Works*, Vol. V, Sermons Vol. I, 'SERMON XXXII', pp. 413-422. 特にpp. 415-417を見よ。

説教XXXIIIは、「わたしに向かって、『主よ、主よ。』と言う者がみな天の御国にはいるのではなく」と、「岩の上に自分の家を建てた賢い人」のイエスの二つの教えに関連する。私は隣人に善い行いをし、飢えた人にパンを与え、裸の人に服を着せることがあるかもしれない、また「私が持っている物の全部を貧しい人たちに分け与え〔る〕」程にまで善い業に熱心になるかもしれない。神を喜ばせたいとの願いや純真な信仰によってこれらすべてを行なうかもしれない。でも、それだけに留まるならば、「主よ、主よ」と主に向かって言っているに過ぎない人々とまさに同じであり、聖書に啓示される主の栄光に何も与っていないとウェスレーは語る。もしこのことに驚く人がいるのならば、その人はイエス・キリストへの信仰について何も分かっていないと自覚するべきだと彼は論じる。これらのすべては、イエスが説いている義と真の聖化から遥かにかけ離れている。施しに熱心な慈善の実践者であったとしても、もしも神への信仰において確かな岩であるイエスの上に家を建てていなければ、主の名によって預言や奇跡を行ない「主よ、主よ」と口にするだけの人々と同じく天の御国に入れないとウェスレーは警告する。(41)

八〇歳代となったウェスレーが一七八四年に記したとされる説教XCI『チャリティについて』は、「たとい私が持っている物の全部を貧しい人たちに分け与え、また私のからだを焼かれるために渡しても、愛がなければ、何の役にも立ちません」との第一コリント人への手紙第一三章に関連した説教である。

まずウェスレーは、「チャリティ」とはギリシア語の「アガペー」であり、英語の「ラブ」の意味であると解説する。ウェスレーは「メソディストと呼ばれている人々は誰でも、このことをよく聞きなさい」と切り出す。たとえメソディストたちが信仰による救いを語ったとしても、聖くない気質や誇り、癇癪、短気、傲慢、横柄、横暴、憤怒、激怒、皮肉、不平、中傷、不機嫌、強情などが心にあるならば、その信仰は決して我々を地獄から救い出すことはないと警告する。この警告のすぐ後、ウェスレーは「たとい私が持っている物の全部を貧しい人たちに分け与えても」の聖書箇所に言及する。もし誇りや怒りや不満を抱いていれば、他者に善を施したとしても魂には何ももたらさず、そのような人々はそのすべての労苦を無駄にしてしまうとウェスレーは嘆く。その人々の多くは、荘厳な葬儀や立派な大理石の記念碑、格調ある墓碑銘、後世に語り継ぐための恒例の追悼行事といった報酬をこの世で得るであろうが、なんと哀れな報いであろうとウェスレーは憐れむ。慈善活動によって自分の聖い気質の欠けを埋められるなどと想像すべきではなく、聖い気質から慈善活動が湧き出るようにと注意を払うように、とウェスレーは訴える。そして「私のからだを焼かれるために渡しても、愛がなければ、何の役にも立ちません」との聖書の記述に言及し、ウェスレーは神と全人類への愛を生み出す信仰を持っていなければ、永遠の命へと導く狭い道ではなく破滅へと導く広い道にいるのだと警告して説教を結んでいく。八〇歳代のウェスレーのこの説教からも、四〇歳代の頃と変わらない内的な危機意識をメソディスト協会員の慈善活動の指導で抱き続けていたことが分かる。(42)

ウェスレーにとって慈善活動は福音信仰に不可欠であり、かつ両者は分離不可能な関係にあった。彼にとって慈善活動でのキリスト教信仰ゆえの苦悩とは、慈善活動と心の聖化とが表裏一体であったことに起因している。もし、ウェスレーのこの苦悩を理解せずに彼の慈善活動を現代の社会事業へ適用しようと試みるならば、それはウェスレーの慈善活動とは無縁なものとなり、彼の説教によれば死や破滅に至る道に導くものとなってしまう。パリサイ派の慈善活動はこの世の基準では立派とみなされたが、イエスからは嫌悪された。慈善活動が皮肉にもその実践者を滅びへと至らせる信仰上の罠に、ウェスレーは最大限の注意を払い続けた。

救貧院や監獄の改善、また奴隷貿易廃止運動といった社会改良へのウェスレーの積極的な関与からも分かるように、彼には政治や法や行政などを介した社会改革への熱意もあった。しかし、国や地方の行政に委ねきったり、

---

(41) Wesley, *Wesley's Works*, Vol. V, Sermons Vol. I, 'SERMON XXXIII', pp. 423-433. 特に pp. 425-426と pp. 430-431を見よ。

(42) Wesley, *Wesley's Works*, Vol. VII, Sermons Vol. III, 'SERMON XCI', pp. 45-57. 特に pp. 54-56を参照。

あるいは政治システムや社会構造の改革や整備で済ませたりするといった発想は彼には無い。代理人や社会的手段に慈善活動を任せきってしまうことは、「社会的な信仰」であるキリスト教の破滅につながることを意味したからである。それは、神によって定められた義務を怠るだけではなく、神から約束された信仰上の喜びを人々から奪うことでもあった。慈善を実践するなかで自分自身の無力さを自覚して謙虚になり、無力な自分への助けを神に熱心に祈り求め、神からの恵みに浴し、自分ではなく神の栄光のみをあらわす聖い心へと霊性が高められていくことで得られる喜びに、自分自身もメソディスト協会員も与れるようにとウェスレーは心底苦悩し続けた。

さて、このようなウェスレーの慈善活動は、都市問題への対応に起因していたというわけではない。ウェスレーが指導していた頃のイギリスは、まだ都市ではなく農村社会が中心だった時代である。「産業革命」の影響を一因として都市問題が深刻となり、その問題に対処するために組織されたキリスト教慈善団体であるかのようにメソディスト連合協会を理解するのは、不正確である。確かにウェスレーも、後の時代に「産業革命」と呼ばれる急速な経済構造の変化を強く意識している。J・ワットの蒸気機関改良にかかわっていたM・ボールトンの工場を見学したことや、イギリス各地で工場がつくられ産業が繁栄し始めていることを日誌に記している。また、それらの産業の急速な発展で協会員たちが経済的に豊かになるにつれ、慈善（憐れみの業）を疎かにし始めていると嘆いてもいる。(43) しかし、「産業革命」の影響を受けて生じた都市問題に取り組んだキリスト教慈善（社会事業）団体との表現は、ウェスレーの時代のメソディスト連合協会ではなく、むしろ次に考察する救世軍にこそよく当てはまる。

二　ブースと社会事業

A　ウェスレーの後継者たち

一七九一年のウェスレー死後、フランス革命やナポレオン戦争の影響や脅威にイギリスがさらされると、メソディスト連合協会は革命組織へ転化する恐れのある存在としてイギリスの一部の人々の目に映った。その懸念を払拭するために、メソディスト指導層は国家や国教会への忠誠を示す必要があった。その結果、メソディスト連合協会は、政治や宗教での保守的路線に舵を切ることとなった。すると、この方針に沿わない人々は、アメリカの第二次信仰覚醒運動に刺激をうけて民衆への伝道に重きを置く新たな活動を展開したり、ヨーロッパの革命の影響をうけて一般信徒の発言力を拡大する独自のメソディスト・ソサエティの連合体を形成したりし始めた。メソディスト派は分裂を繰り返し、一九世紀半ばまでには本流のウェスレアン・メソディスト派[44]の他、メソディスト・ニュー・コネクション派、プリミティブ・メソディスト派やウェスレアン・リフォーム派などが登場することとなり、さらに一九世紀後半には救世軍も登場する。一九世紀前半を通じてウェスレアン派も他のメソディスト諸派も会員数を順調に増やしていき、一九世紀半ばに至るとイングランドでのメソディスト諸派の礼拝への出

(43) ボールトンについては一七八二年七月一〇日付の日誌を見よ。Wesley, *Wesley's Works*, Vol. IV, Journals Vol. IV, p. 232. 富への警戒は、例えば一七八〇年四月三日、五月五日、五月一一日などに記されている。

(44) 「ウェスレアン」との呼称は一九世紀初頭以降に一般的・公的に使われ始めた。一八九一年の年会が「ウェスレアン・メソディスト教会」への変更を承認するまでは「ウェスレアン・メソディスト協会」が主たる呼称であった。John A. Vickers, 'Wesleyanism' in John A. Vickers, ed., *A Dictionary of Methodism in Britain and Ireland*, Epworth Press, 2000, pp. 386-7.

席者の総数は、他の非国教派のそれらを凌ぎ英国国教会に次ぐ二番目となっていた。(45)

ウェスレーは既存の教派の枠組みにとらわれず、福音伝道や慈善活動以外にも数々の活動に精力的に生涯を通じて取り組んだ。多才で非凡なウェスレーの全体像は、一般人には極めて把握が困難である。ウェスレーの死後すぐに公式なウェスレー伝の作成が図られるが、執筆をめぐりメソディスト派内部で対立が生じた。(46)これらの結果、次世代の多くはウェスレーの「歪んだ歴史像」を抱くこととなり、それぞれがウェスレーの異なった要素を重視しながら彼の後継者だと名乗っていくことになる。

イギリス国内外の政治や社会の激しい変動も、後世の人々のウェスレー歴史像を歪める原因になった。「産業革命」という言葉は一八八〇年代以降にA・トインビーなどに使用されて学術用語となるが、イギリスの本格的な工業化や都市人口の急増、鉄道網の整備などは一七九一年のウェスレーの死後にこそ著しく現れた。J・ワットによる蒸気機関改良の完成は一七八〇年代に入ってからであり、蒸気機関車による世界初の公共鉄道開通はウェスレーの死後三四年後の一八二五年である。都市人口の急激な増加についても、ウェスレーの死後に著しい。例えば、一七五〇年のロンドンが六七万五千人、一七五七年のマンチェスターが二万人に過ぎなかったが、一八五一年にはロンドンが二三六万二千人（四倍）、マンチェスターが三〇万三千人（一五倍）へと著しく増えている。(47)産業化で都市人口急増によって生じた賃金労働者の失業問題やスラム街などの劣悪な住環境問題が都市問題として深刻となっていったのもウェスレー死後のことである。一般の書物でも学術書でも、メソディスト運動は工場などの賃金労働者を主な構成員とし、労働組合運動指導者を多く輩出し、イギリスの労働者階級の意識に福音的な宗教的気質を吹き込んだとしばしば説明される。しかし、賃金労働者による組合運動は、第一回選挙法改正で選挙権を獲得できなかった都市の賃金労働者が「労働者階級」意識を抱き始めた一八三〇年代前後から本格化し、選挙法改正のために人民憲章を掲げて労働者自ら推進したチャーティストは一八三〇年代半ばから始まるに過ぎない。労働運動が過熱した一九世紀半ば以降、労働運動指導者や労働者の間にウェスレーを労働運動の精神的な祖であるかのようにみなす「歪んだ歴史像」も浸透していく。

産業革命やフランス革命後、新たな価値観や世界観がイギリス社会に広がっていき、それらの価値観や世界観に基づく社会的実験が次々と試され、ウェスレーの時代とは大きく異なる風潮が一九世紀の人々にもたらされていった。一九世紀イギリス社会に浸透し強い影響力を発揮した代表的な価値観や世界観あるいは実践者や団体としては以下のものをあげることができる。ウェスレーと同時代人のアダム・スミスによる需要と供給の経済理論。J・ベンサムやJ・S・ミルの功利主義やその影響を受けた自由主義。啓蒙思想・自然法に育まれた基本的人権を尊ぶ非キリスト教的・科学的人間観。フランス革命やナポレオン戦争の影響下で国家を支えるナショナルな市民の育成を促すこととなったヨーロッパ諸国のナショナリズム。一八〇〇年からニュー・ラナークの紡績工場で実践したロバート・オーエンの社会主義や『共産党宣言』（一八四八年）を著したマルクスなどの共産主義。団結禁止法廃止（一八二四年）後の一八三〇年代の労働諸階級全国同盟などの労働組合運動や一八四四年のロッチデールで設立された消費組合に始まる協同組合運動、その他の共済組織の結成。一八三八年開始のチャーティスト運動に代表される選挙権・市民権の獲得を目指す労働者主体の政治改革運動。貧窮者を救貧院に収容する方式へと切り替えた新救貧法の制定（一八三四年）などの公的扶助の変容。努力や勤勉による社会的成功を説くS・スマイルズ著『自助論』（一八五九年）の刊行や労働者の自助精神への目覚め。一八七〇年代の国家による初等教育

（45） 一八五一年のイギリスの国勢調査の統計による。T. E. Jessop, 'The Mid-Nineteenth-Century Background', pp. 181-2, in Rupert Davies et al. ed., *A History of the Methodist Church in Great Britain*, Vol. 2, Epworth Press, 1978. John A. Vickers, 'Religious Census of 1851', in John A. Vickers, ed., *A Dictionary of Methodism in Britain and Ireland*, pp. 291-2.

（46） Heitzenrater, *Wesley and the People called Methodists*, pp. 314-315.

（47） 『世界史歴史体系イギリス史3』（山川出版社、一九九一年）、三一頁。M. J. Daunton, 'Towns and Economic Growth in Eighteenth-Century England', in P. Abrama & W. E. Wrigley, eds., *Towns in Societies*, 1978, p. 247.

の開始と、学校教育での教派的教理教育廃止や非キリスト教化を求める動き。一八四〇年勃発のアヘン戦争や一八五七年勃発のインド大反乱以降も進む植民地化運動を通じての異文化体験やそれによるキリスト教的文化や価値観の相対化。一九世紀後半に活躍したW・モリスなどによる芸術や美を重視する耽美主義的人間観。工場労働者や農業労働者の生活や雇用条件の改善を目指して労働組合によって計画されたカナダやオーストラリア・ニュージーランドなどのイギリス自治領や植民地への大規模な移住推進運動。一八七〇年代のピューリタン系非国教徒による国教廃止運動や農業労働者組合と社会改良家による国教会所有地の再分配計画。一八六九年にロンドンから始まる慈善組織協会（COS）によるイギリスの種々の慈善活動の組織化。一八五六年にモデル住宅を建設して貧民の指導を始めたオクタヴィア・ヒルによるモデル・ハウス計画の実践。

これらと並行して、ウェスレー死後の一九世紀にはキリスト教と密接な新たな慈善活動も展開された。イギリスの奴隷貿易廃止（一八〇七年）と奴隷制廃止（一八三四年）をもたらした下院議員W・ウィルバーフォースによる奴隷貿易廃止運動や彼によるマナー（道徳）改善運動、一八一七年にニューゲート女囚矯正協会を結成したエリザベス・フライ夫人による救貧院・牢獄改善運動、一八五四年に労働者学校（Working Men's College）を開校した国教会聖職者C・キングズリーやF・D・モーリスのキリスト教社会主義運動、一八四四年にロンドンで始まるYMCAなどのキリスト教的社会改良運動など様々なキリスト教関係の慈善活動が存在した。これらの他にも、州や市町村や教区、各教派やその地方教会、大学などで大小さまざまな慈善活動がなされており、すべてを網羅することは至難の業である。キリスト教的・非キリスト教的・反キリスト教的な新たな価値観・世界観やその実践については、新聞や雑誌や小説、各種の講演会やイベントなどを介してイギリスの人々に浸透していく。これらの異なる理想や世界観を有する人々がロンドンやマンチェスター等の近代都市の空間を共有していた時代に、救世軍は登場した。

一九世紀後半にウェスレーの後継者と自認する人々は、ウェスレー死後のこの歴史的激変によって生じた無数の異なる価値観や世界観から成る分厚いレンズ越しに一八世紀のウェスレーに思いを馳せた。そのレンズによって屈折した様々なウェスレー像が存在した一九世紀後半、救世軍創設者W・ブースも一つのウェスレー像を心に抱き、他の諸々の教会や慈善団体の「過ち」や「欠陥」を激しく批判しつつ活動を展開した。(48)他方、救世軍から批判された他のウェスレーの後継者たちも、救世軍のものとは異なる別のウェスレー像に基づいて異なる手法や強調点による活動を展開し、時には救世軍を激しく批判した。

B　ブース夫妻の救世軍

救世軍の起源は、一八六〇年代にウィリアム・ブースとその妻キャサリンが始めた伝道団体にある。二人ともウェスレアン・メソディスト派の信徒だったが、同派の教えだけにこだわらず、他のキリスト教グループの教えからも積極的に学んだ。若い頃のウィリアムは、ノッティンガムで貧しい人々に向けた福音伝道に着手した。その頃、瞬時的聖化を説くアメリカのホーリネス系のメソディスト説教者ジェームズ・コーイーによる劇場的な伝道手法に刺激され、彼もその手法を採用して成功体験をおさめる。一方、ウィリアムと結婚する前のキャサリンは、グループによる熱心な祈りによって信仰復興が引き起こされると教えるアメリカの長老派説教者チャールズ・フィニーの神学に魅かれている。(49)

質屋で働くウィリアムは、メソディスト派との関係を保ちつつ、伝道活動を続けて一定の成功をおさめていっ

(48) 清水光雄は、一九世紀イギリスにおいてウェスレー解釈が回心を促す説教の上手な指導者へといかに歪められてウェスレーの実像が失われたかについて、先行研究に依拠しつつ神学を中心にまとめている。『民衆と歩んだウェスレー』二〇五―二一一頁。

(49) R. Hattersley, *Blood and Fire: William and Catherine Booth and Their Salvation Army*, pp. 21-22, 25, 48-49 and 95-96 .Eason, *Women in God's Army*, pp. 34 and 97-98.『救世軍のルーツ探訪』二七―二九頁。

た。神学上の専門的学びへの関心は極めて低かったが、彼は聖職者になる道を選ぶ。ウェスレアン派の聖職者になる道は閉ざされることとなるが、ウェスレアン派内部での民主化を求めるグループであるウェスレアン改革派に認められ、彼は常勤の説教者となる好機を得た。しかし、しばらくすると婚約者のキャサリンがこのグループの将来性を危惧して彼にカルヴァン派系の会衆派牧師になることを勧めた。コレッジ入学選考面接を通過したものの、カルヴァン派の聖職者になればアルミニアニズム的信仰を堅持したウェスレーの教えに従う自分自身の信仰上の立場の否定となると強く憂い、自らその道を閉ざした。その後一時的に再びウェスレアン改革派の説教者となったが、最終的には彼はメソディスト・ニュー・コネクション派から巡回聖職者となることを一八五五年に認められ、翌年には聖職者の按手礼を受けた(50)。ブース夫妻は、同派の定住聖職者としてイングランド北部のゲーツヘッドで三年間過ごした。この地において、夫妻は、それまで関心の薄かった都市の住民の貧困問題などを意識するようになったと言われる。

ウィリアムはこれまでの自分の伝道活動での成功体験から、ウェスレーのように自分に与えられた伝道説教の賜物を活かして巡回伝道することを同派に認めさせようとした。他方、この頃の妻キャサリンは、アメリカのフィービー・パーマーの影響を受け始めていた。パーマーは、瞬時的な回心の体験を強調し、この回心のプロセスを定式化して伝道活動に応用した。未信者に対して人間の罪深さと神の御怒りを強調して説教し、キリストによる贖罪を信じさせ、その場で回心の決意を即座に促すとの手法である。信仰決意者を目に見える形で確認できるこの伝道手法は、当時の大衆伝道で好評を博していた。この伝道手法は、後のブース夫妻の活動にも影響を与えていくこととなる(51)。ウィリアムは巡回伝道の許可願いがメソディスト・ニュー・コネクション派の一八六一年の総会で拒絶されると、同派を離脱して独立した伝道者となった。

ブースの伝道活動は評判が良く、各地から伝道説教の依頼がくるようになり、その後、ブースはロンドンの貧しい人々が多く住む地区イースト・エンドに活動拠点を据え、東ロンドン伝道会を設立して特定の教派の枠を超えた福音伝道に力を注いだ。この組織が、救世軍の前身となる。[52] ブース夫妻はメソディスト派の伝統的な福音信仰に加え、アメリカ由来の瞬時的回心重視の大衆伝道方法を採用して貧民街での福音伝道を展開し、多くの人々を回心へと導くことに成功した。ブースは、貧民街で回心した人々を奉仕者にし、また回心者に信仰による救いの証しを自ら集会でさせる手法を用いた。名の知れ渡った人物が回心し、彼が伝道集会で回心体験を語るとの知らせが伝わると、貧民街の人々は好奇心に駆られて集会に詰めかけた。[53]

設立当初、ブースは東ロンドン伝道会を超教派的な団体として指導したが、しばらくすると、ウェスレーのアルミニアニズム的神学以外認めない立場を表明して、この伝道会をウェスレーの説いたホーリネス（聖化）を追求するための非常に教派性の強い団体へと転換した。この時もブース夫妻は若い頃と変わらず、自分自身の信念やビジョンや方法において一切妥協せず大胆に行動した。そして、この団体は、ブースの右腕であるG・S・レイルトンの進言を受けて一八七八年に救世軍（Salvation Army）へと改称される。[54]

東ロンドン伝道会が示唆するように、活動目的は福音伝道にあった。ブースは、活動をともにしながら困窮者に食糧等などを配給していた「バイブル・ウーマン」たちに対して、本来の目的を失って単なる慈善団体に堕ちることを危惧して、その配給を止めるよう一八六七年に命じている。[55] ウェスレーがメソディスト連合協会の目的

（50） Hattersley, *Blood and Fire*, pp. 36-38, 50-73. 『救世軍のルーツ探訪』三四―四三頁。
（51） Hattersley, *Blood and Fire*, pp. 104-106.
（52） Hattersley, *Blood and Fire*, pp. 100-102, 116-157. 『救世軍のルーツ探訪』一〇四―一二二頁。
（53） 東ロンドン伝道会結成前にも同様な伝道方法で成功している。『救世軍のルーツ探訪』一一〇―一一一頁。回心者の活躍については次も参照。Hattersley, *Blood and Fire*, pp. 142 and 278.
（54） Hattersley, *Blood and Fire*, pp. 214-216, 227-229 and 235-236. 『救世軍のルーツ探訪』一二二―一二四頁、一四〇―一四三頁、一六七―一六九頁。
（55） 『救世軍のルーツ探訪』一三二頁。

を規約で福音伝道だけでなく慈善活動をも鮮明にしていたのとは異なる。ブース夫妻のウェスレーの歴史像は福音的回心と聖化を説くだけの司祭に偏ったものだったのかもしれない。しかし、ブース夫妻はロンドンの貧民街での福音伝道活動を通じて都市問題の深刻さを肌で感じ、都市の人々が抱える貧困や犯罪などの問題に取り組む慈善活動にも着手する決意を固めていった。彼の社会事業着手の真の動機をめぐっては諸説あり、マルクスと同じように、個人の自助や努力によってでは解決できない経済的・社会的構造といった社会の問題を痛感したからではないかとも言われる(56)。ブース自身は『最暗黒の英国とその出路』で次のように記している(57)。

「その全注意力が、その身の生存を保つための、狂暴で死に物狂いの努力に集中されている人々に、福音を伝えても何の効能があろうか。その仲間を溺死させ、彼をも溺れさせようと脅しつつある、寄せては砕ける波と苦闘しつつある難破船の水夫に、トラクトを与えるのと同じようなものではなかろうか。……第一に為すべきことは、彼をして少なくともしっかりとした地面に足場を持たせて、生きてゆく余地を与えることである」。

この記述からは、福音伝道と慈善活動が表裏一体であったウェスレーの教えとは異なり、慈善活動優先といった印象を受ける。しかし、ウェスレーも説教で、第一に身体的なケアを、次に魂のケア、そして、その後にトラクトを配布するようにとの順序を勧めている(58)。

社会に潜む罪とも戦う軍隊である救世軍は、敵陣を攻めるために礼拝所を離れ、都市の最暗黒部に自ら陣営を張り、福音伝道と慈善事業を繰り広げた。軍服調の制服を着用し軍旗を掲げ、「我らは戦闘に突入する」「ミドルズブラ地区砲兵隊が到着予定」などの軍事的表現に満ちたポスターで宣伝され、路傍や劇場などの一般施設で開催される救世軍の伝道集会は、貧民街の人々の耳目を惹き、野次馬を含め多くの人々の注目を集めることに大成功した。その奇抜で滑稽である「下品」な活動方法のゆえに、救世軍は「上品な教会」に属す人々から嘲笑されたり激しく非難されたりした。しかし、ブースはそのような嘲笑や批判を意に介さなかった。なぜならば、救世軍が救済の対象としている人々は、「上品」なキリスト者たちが直接救いの手を差し伸べようとしない「下品」な人々であったからである。[59]「貧しい人々」を自ら直接訪ねていく自分こそ、ウェスレーの教えを実践しているとの思いをブースが抱いたとしても何も不思議ではない。[60]

C　救世軍の社会事業

一九世紀後半のイギリスではロンドンをはじめ各都市は、不況時の失業による貧困をはじめ、窃盗や殺傷といった犯罪や栄養失調やアルコール依存症などにつながる乏しい食生活や不健康な生活習慣、娼婦やその元締めであるギャングなどによる風紀の乱れ、両親の死去や育児放棄による孤児たちの存在、人口過密な都会で行方不明

---

(56)　マルクスとの比較は次の書が詳しく論じている。Woodall, *What Price the Poor?* 同書の Chapter 6: The Making of a General, Chapter 7: The Making of a General's Mind, Chapter 8: The General in Command はブースの社会事業の動機や実践を巡る先行研究の論点を論じている。たとえば、極貧の人々に福音を携えて接することに失敗していると感じていたため社会事業にブースが着手したとの Peter Keating と Norman Murdoch の説を取り上げ、これはあまりにも単純な分析だと批判する（p. 148）。

(57)　ブース『最暗黒の英国とその出路』五六頁。Booth, *In Darkest England and the Way Out,* (Kindle), Part I, Chapter 5 の最終段落。

(58)　前述の「病人慰問」の説教で、ウェスレーは慈善の実践方法を論じている。Wesley, *Wesley's Works*, Vol. VII, Sermons Vol. III, 'SERMON XCVIII', pp. 120-123.

(59)　R. Hattersley, *Blood and Fire*, pp. 203 and 230-232.『救世軍のルーツ探訪』一七〇—一七一頁。ただし、軍隊方式の発案はブース夫妻ではなくG・S・レイルトンなどの協力者らによる。自ら出向く手法について、ブースは若い頃のノッティンガムの裏通りでの伝道の成功体験にあると回顧している。Hattersley, *Blood and Fire*, p. 24.

(60)　ブースは一八八〇年にウェスレアン派の年会でのスピーチに招かれた際、同様の趣旨で語っている。Hattersley, *Blood and Fire*, pp. 261-262.

となる人々といった多くの異なる問題に直面していた。救世軍はこれらのどれか一つだけではなく、あらゆる種類の問題の解決のために積極的に手を差し伸べていった。

失業者のためには、マッチ工場や縫製工場を設立したり、のちには農場植民地での果樹園事業なども展開したりした。また、路上生活者などには簡易宿泊所で簡易ベッドを提供している。貧しい家庭の子供たちには食べ物の配給をおこなっている。犯罪に手を染めてしまった犯罪者やアルコール依存症に陥ってしまった酔漢に対しては、社会に復帰できるように更生の手助けをしている。また、人に騙されたり、あるいは貧困に陥ったりして娼婦となった女性たちには、元締めのギャングの手から救出し、新たな生活へと踏み出せるよう支援した。娼婦の問題への取組みでは、ブースの妻キャサリンが女性の社会的地位改善のために早くから取り組み活躍していたことも功を奏した。また、育児放棄や虐待に苦しむ子供や孤児のためには保護施設をつくって救いの手を差し伸べた。人口数十万人もの都市で行方不明となった人々を捜索することにおいても、救世軍は協力した。[61]

救世軍のこれらの慈善事業で用いられた方法は、ウェスレーの慈善活動と同様、かならずしも救世軍が独自に考案したものではなかった。都市問題に対しては多くの人々が、価値観・世界観・理想を異にしながらも、様々な対策を打ち立てて救済に取り組んでいた。救世軍は、それらの他の人々や団体の慈善活動の実践方法から多くを学んでいる。たとえば、前述の困窮者への配給を実践していた「バイブル・ウーマン」の起源は、イースト・ロンドンの数々の伝道団体にあった制度であった。[62]

救世軍の活動地域はロンドンにとどまらず、著しい速さでイギリス国内外の各地に拡大していった。『最暗黒の英国とその出路』によれば一八九〇年一〇月の時点における救世軍の活動拠点は、フランスをはじめスイス、スウェーデン、アメリカ合衆国、カナダ、オーストラリア、インド、セイロン、オランダ、デンマーク、ノルウェー、ドイツ、ベルギー、フィンランド、アルゼンチン共和国、南アフリカ、セント・ヘレナにまでおよんでいる。また、社会事業としては三三の救済ホーム（転落婦人）、三三の愛隣館、一〇の釈放者保護隊、四つの給食所、五つの困窮者のための簡易宿泊所、一つの酔客ホーム、一つの「無職者」のための工業、二つの労働紹介所を開設するに至っている。(63)

D　慈善活動で経験した信仰ゆえのブースの苦悩

ウェスレーの活動と同じく、ブース夫妻の活動も多くの非難を浴び、また多くの妨害を受けた。英国国教会やメソディスト派などの一部の教会関係者は、軍隊方式という奇抜で型破りな手法をとる救世軍に対して冷ややかな態度をとるだけではなく、集会方法や服装さらにはキリスト教理解においても激しく批判した。一方、ブースも、他のキリスト教派の問題点や欠点を手厳しく非難し、救世軍だけがキリスト教徒の果たすべき本来の使命を実践しているとか、救世軍こそが真の救貧活動をしていると主張して他の団体を酷評した。ブースのこの好戦的な言動も、救世軍に対する多くの敵を生み出す一因となったと考えられる。(64)

ブースの攻撃的な言動は、キリスト教と関係のない他の慈善事業団体や指導者たちに対してもなされた。当然、それらの団体や人々との間にも険悪な関係が生じることとなり、ブースや救世軍は激しく攻撃されることとなった。たとえば、慈善組織協会（ＣＯＳ）などは、救世軍の義援金の使途の不明瞭さを指摘し、社会事業の運営に

(61)　ブースの都市問題理解や救世軍が展開した数々の事業についての具体例やそれぞれの詳細な解説はブース『最暗黒の英国とその出路』(*In Darkest England and the Way Out*) を参照。

(62)　『救世軍のルーツ探訪』一三〇―一三一頁。「転落婦人」の原語は fallen women である。Booth, *In Darkest England and the Way Out*, (Kindle), APPENDIX.

(63)　ブース『最暗黒の英国とその出路』三五九―三六〇頁。

(64)　Hattersley, *Blood and Fire*, p. 437.　聖餐式への姿勢を巡っても他派と衝突した。Hattersley, *Blood and Fire*, pp. 264-265.　実行性や被救済者の労働意欲低下など救世軍の事業への反対論をブースも幾つか取り上げて反論している。ブース『最暗黒の英国とその出路』三一九―三三四頁。

おいて見過ごすことのできない放漫経営という重大な欠陥が救世軍にはあると糾弾した。集会や募金活動で得た金銭の使途についての強い疑念は、慈善団体以外の人々からも投げかけられ、その問題は当時の新聞や雑誌でも取り上げられた。ブースは救世軍を統括する大将であり、すべての権限が彼にあった。資金の使途についての決定権も当然ブースにあり、ブースが私腹を肥やしているとの疑惑や非難がなされた(65)。

ブースは工場経営者などの一般の企業経営者に対しても攻撃的な態度を示したため、それらの人々からも救世軍の慈善事業への批判が激しくなされた。ブースは貧しい人々のために工場を設立したが、一般の工場経営者などは、利潤の追求を二の次と考える救世軍が製造業の経営にまで着手したならば、まっとうな製造業経営者であってもその競争に敗れ破綻してしまうとの危惧を抱き、救世軍を非難した。また、製造業者たちからは、救世軍が賃金以外の保護の提供で貧しい人々を無給同然で不当に働かせているとの批判もなされた(66)。

貧困からの脱却と信仰生活にとって飲酒が大きな障害であるとの信念をブースはもっており、救世軍は一貫して禁酒運動を推進し、かつ自ら禁酒を実践した。当然、この点においては酒造関係者やパブ（居酒屋）経営者の一部は猛反発し、警察や地方判事や暴徒をも煽って救世軍の活動に対する暴力的な妨害活動を扇動した(67)。ギャングの資金源として利用されていた娼婦たちの救済活動にも救世軍は果敢に取り組んだが、そのため救世軍はギャングからの報復の危険にも常にさらされ、救世軍の集会場に暴徒たちが次々と石や棒を投げこみ、軍隊の介入でやっとその攻撃が止んだこともあった。『救世軍のルーツ探訪』には、ギルドフォードで救世軍の一人の女性が蹴られたり殴られたりして意識不明になったのちに死亡したと記されている。また、スザンナ・ビーティ大尉夫人がヘイスティングの街頭で暴行を受けた結果死亡したことや、二一歳の候補生ルイス・ジャンモノがギャングの情け容赦ない暴力を受けて数時間後に絶命したことも記されている(68)。

ウェスレーのメソディスト連合協会は、救世軍の組織のように一丸となって都市問題に取り組んだことはない。社会的聖化を説いていたウェスレーではあったが、ブースのように社会の罪と戦う軍隊を組織し社会事業を展開することなど思いも及ばなかったであろう。しかし、ウェスレーは、一八世紀半ばのロンドンの都市問題の解決に立ち上がり救世軍のものと類似した活動を実践した人々を称賛し、その人々への全面的な支援を表明している。このことは、「マナー改善協会での説教」と題された彼の説教（LII）に記されている。この説教のタイトルにあるマナー改善協会（The Society for Reformation of Manners）とは、一七五七年にロンドンで結成され、ロンドンのムアフィールズに住む人々のマナー（慣習）改善に着手した組織である。ムアフィールズは市場での取引や見世物などがなされる場所であり、また貧しい人々の住居や売春宿がある場所でもある。また、一七三九年にウェスレーがロンドンのメソディスト協会の最初の礼拝所（The Foundry）を設けたのもこの地でもあった。マナー改善協会は、ムアフィールズを中心に聖日遵守の徹底を目指し、日曜日のロンドンでの街娼を含む商売の一掃にとりかかった。街娼の問題には、一七五八年設立のマグダレン保護施設の協力を求めた。構成員には、国教会聖職者Ｇ・ホイットフィールドが率いるカルヴァン系のメソディスト連合の会員やウェスレーが率いるアルミニアニズム系のメソディスト連合の会員のほか、国教会や非国教派の会員も多数おり、総勢一六〇名であった。社会（コミュニティ）や国家に祝福をもたらすものであると、ウェスレーはこの協会の活動を絶賛した。

ウェスレーはまたマナー改善協会への実践的アドバイスを信仰的立場から語っている。ウェスレーは失敗例と

（65）放漫経営への批判の一例は次を参照。Hattersley, *Blood and Fire*, pp. 386-390.　ＣＯＳなどの慈善諸団体の職務の欠陥に対するブースの批判への言及は次を参照。Hattersley, *Blood and Fire*, p. 394.

（66）イギリス労働組合会議（ＴＵＣ）をも巻き込んだ民間企業や労働組合との対立については以下を参照。Hattersley, *Blood and Fire*, pp. 396-398,

（67）東ロンドン伝道会時代をも含む禁酒運動などへの迫害については次を参照。Hattersley, *Blood and Fire*, pp. 164-165, 193-195, 232 and 254.

（68）『救世軍のルーツ探訪』一八二―一九〇頁。救世軍への襲撃や保護については次を参照。Hattersley, *Blood and Fire*, pp. 256-260.

して、一七世紀に存在した旧マナー改善協会（同名だが別の組織）に言及する。旧協会は少数の裕福な人々で構成されていたにもかかわらず、当初は良い働きをしていた。しかし、入会基準に十分な注意を払わずに新たな協会員を受け入れた頃から活動の成長や実効性が衰えたと、ウェスレーは指摘する。そして、ウェスレーはマナー改善協会の構成員に求められる資質について論じていく。マナー改善協会の活動は神の業によるものなのだから構成員が富裕者や著名人である必要はなく、信仰の人であることが必須であり、神を愛さず神への畏れのない人々はこの事業に関わることに値しないと説く。なぜならば、神への確かな信頼のある人々こそ勇気ある者となり、迫害に立ち向かう力を持てるのだからだという。迫害は想像を絶するものなので、堅固な精神力が必要なのだとウェスレーは強調する。自分自身の死に至るまで使命を貫徹したイエス・キリストの示した愛を知っている者こそが、人々のために命を差し出すことを厭わないのだと指摘する。この愛に基づいているならば、すべてを願い、すべてを耐えることができ、チャリティ（愛）は決して失敗に終わらないとウェスレーは力説した。[69]

ウェスレーが指摘した慈善事業での構成員の信仰に基づく厳格な基準は、自分自身の命を賭してまで戦う覚悟を必要とされた救世軍の在り方と重なるように思われる。ブースも外的な攻撃をウェスレーと同じように意に介さなかったようだ。押されたり、よろめかされたり、小麦粉や泥や石やキャベツの芯を投げつけられたりしても、ブースは「その間ずっと歌いたい気分であった」と語る。[70] 聖俗の多種多様な価値観に基づく慈善事業が渦巻く一九世紀後半のイギリスの近代都市において、マナー改善協会のための説教でウェスレーが説いた基準から逸れずに慈善事業を遂行するには、厳しい入隊基準や統制のある軍隊方式こそがブースにとって最善だったのかもしれない。他の慈善事業を強く批判したことも、救世軍の指導層を親族で固め、その親族がブースの方針に異議を唱えればすぐにその立場から外すという強権の発動も、ブースの自信や誇りといったものではなく、むしろ社会事業での信仰上の危機意識をウェスレーのように強く抱いていたからかもしれない。[71]

ブースは長男のブラムウェル宛の一八七六年八月二七日付の手紙で次のように記している。[72]

「病気のなか私はタイアマン〔著〕のウェスレー〔についての書〕を読んでいるが、彼〔ウェスレー〕の体験と自分自身のものを比べてみて、幾つかの大切な教訓を得たと思う。その一つは、神のもとでウェスレーは罪人を回心させることによって〔だけ〕ではなく、十分に訓練された聖人たち〔well-instructed saints〕をつくることによってメソディズムを作ったということだ」。

社会事業において福音信仰から逸れてしまうという信仰上の危機意識こそが、ブースが救世軍の慈善事業において信仰ゆえに一貫して抱いていた苦悩であろう。彼の著『最暗黒の英国とその出路』において、次のようにその思いを記している。(73)

「一人の男〔人〕を十分に救うためには、彼〔その人〕に一着の新しいズボンをはかせ、定職を授け、また大学教育を施すことでさえも十分ではない。これらのものはことごとく人の外側であって、もしも内側が変わらないままであるならば、諸君は労働を浪費したのである。諸君はなんらかの方法によって、その中に

(69) Wesley, *Wesley's Works*, Vol. VI, Sermons Vol. II, 'Sermon LII, Preached Before the Society for Reformation of Manners', pp. 149-167.
(70) Hattersley, *Blood and Fire*, p. 194.
(71) ブース『最暗黒の英国とその出路』三二八—三三一頁。親族を活用した救世軍の統制方法やブースの強権をめぐる家族間の確執については次を参照。Hattersley, *Blood and Fire*, pp. 406-421.
(72) Harold Begbie, *The Life of William Booth*, Vol. I, Macmillan, 1920 (Kindle), Chapter 24. Hattersley, *Blood and Fire*, p. 217.〔　〕は馬渕、（　）はブース、［　］は Begbie による補足。
(73) ブース『最暗黒の英国とその出路』五五頁。Booth, *In Darkest England and the Way Out* (Kindle), Part I, Chapter 5 の最後から三番目の段落。「神的」要素の原語は the element of Divine である。〔　〕は馬渕による補足。

『神的』要素を有する新しい性質を、人間の性質の上に接木しなければならない。本書中に私が提唱する一切は、この原理によって支配されている」。

ブースによれば、救世軍のどの慈善事業も、衣食住の提供だけでは人を生かすことはできず、救済対象者の性質（内側）に「神的」要素を接ぎ木しなければその目的を果たしたことにはならず、徒労に終わると断言している。これがブースの公言していた信念であった。この信念は、慈善活動において一般の人々から高く評価される広い道に立つ危険を憂い、一般の人々から評価されない聖化を追求し内側を変える狭い道に歩むよう絶えず人々を指導したウェスレーのものと似ている(74)。

ブースにとっても、救済された人々に「神的」要素を接ぎ木し、神の愛に接ぎ木される救済（salvation）こそが彼の慈善事業の目的であった。内側の変化をともなわないパリサイ派の慈善行為と同じ滅びの道にメソディスト会員を導いてしまうことをウェスレーは危惧した。同様に、ブースも慈善事業が「神的」要素を接ぎ木せずに外側だけのものにとどまってしまうことに強い危機意識を抱いていた。このように、福音信仰と聖化を核とし、その核を失えばすべてを無意味、あるいは滅びへの道とみなすウェスレーの慈善活動とブースの社会事業は酷似している。学問を苦手とし、軍隊を模した伝道団体を指導し、スラム街を拠点に軍服調の制服姿で路傍に立ち軍隊用語を交えて布教したブースは、オックスフォード大学修士号を有し、保守的な英国国教会高教会派の立場に立ち聖職者のガウンに身を包み洗練された立ち振る舞いで人々の信仰生活を指導した司祭ウェスレーとはかけ離れたイメージを我々に与える。しかし、神の性質に与り内面的な変化をともなう社会事業のみを価値あるものとみなし、その実践へと人々を導くことに苦悩したブースが、ウェスレーの慈善活動での信仰ゆえの苦悩を自分も引き継いでいると認識し、救世軍こそウェスレーの慈善活動（キリスト教社会事業）の継承団体であると解釈していたとしても不思議ではない。

おわりに

「ウェスレーがキリスト教社会事業の創始者であった」との通説は、本章の「信仰ゆえの苦悩」の視点を無視すれば、歴史的実態にそった解釈だと見なすことは容易であろう。もちろん、ウェスレーや彼のメソディスト連合協会が実践した慈善活動を、メソディスト派独自のものとは言えない。同時代である一八世紀のイギリス国内外の他の慈善活動や、それよりも遥か昔の初代教会をはじめローマ・カトリック教会などのキリスト教慈善活動の伝統からも多くの影響を受けていたのは確かだ。しかし、社会的宗教でなければキリスト教ではないとのウェスレーの信念に基づき、各地の家庭で毎週開催される少人数のクラス集会で互いの慈善活動を育んだことは、イギリス全土において後のキリスト教社会事業を育む豊かな土壌を用意したとの解釈は可能だ。会則に基づき信徒レベルの人々が主体的に結束して恒常的な相互扶助を実践するメソディスト派は、各地の人々に教区の聖職者や地方有力者などに頼らない慈善活動の一つのモデルとなったであろう。メソディスト連合協会構成員の半数以上を占めた女性たちにウェスレーが慈善活動実践による恵みに与るよう強く訴えたことも、一九世紀のキリスト教社会事業での女性の活躍を後押しした。これらのことを根拠に、ウェスレーのメソディスト運動が社会事業の苗床であり、ウェスレーが近代都市形成期のキリスト教社会事業の創始者であったとの解釈は成り立つかもしれない。

だが、「信仰ゆえの苦悩」から光をあててウェスレーの慈善活動の歴史的実態を捉え直した場合、その通説の

(74) ブースは「聖潔(ホーリネス)」を救世軍の信仰上の支柱としており、冊子『心の清き者(Purity of Heart)』などを刊行して指導した。また、ウェスレーはこの世での束の間の喜びと神にある変わらぬ全き幸福感とが全く異なることを強調する。Wesley, *Wesley's Works*, Vol. VI, Sermons Vol. II, 'SERMON LXXVII', pp. 432-434.

問題点が露呈する。ウェスレーによれば、メソディスト派の慈善活動は実践者および被救済者の信仰による内的変化を必須とみなす活動であるべきであり、この内的変化をともなわなければパリサイ派の慈善活動と同様に滅びに至る道であった。ウェスレーの慈善事業での「信仰ゆえの苦悩」は、一貫して「聖化（ホーリネス）」に関連していた。ウェスレーの慈善活動の「核」が聖化であったとするならば、この「核」からこそウェスレーの慈善活動の歴史的実態を再構成することが歴史研究にとっては必須であろう。ウェスレーの慈善活動が「聖化」と切り離せなかった事実を前面に出せば、彼の慈善活動が今日の世界各地の社会事業にとっての共通の土台であるとか、ウェスレーが今日の社会事業の祖であるとの解釈は成り立ちにくくなる。いや、むしろ今日の価値観と照らせば、彼の慈善事業は宗教的偏狭さに縛られた過去の遺物とみなされ、今日の社会事業のモデルとはされないだろう。

同様に、ウェスレーの慈善活動をイギリス一九世紀後半の近代都市形成期の諸々のキリスト教社会事業の祖とする解釈に対しても注意が必要である。一九世紀後半は、異なる数々の歪んだウェスレー像で満ちていた。そのため、その時代の人々がウェスレーの教えや実践に沿って活動していると表明していても、それらの個々の人の神学や教義、信仰体験の細部に至るまで精緻に分析し、その人々の歪んだウェスレー像を明らかにした上で、ウェスレーと後の社会事業との関連を史的に再検討する必要がある。この点で、「救世軍こそがウェスレーのキリスト教社会事業の継承団体である」との通説は、歴史研究にとって良い作業仮説となる。ブースは同時代の他の社会事業とは一線を画しており、自分こそウェスレーの後継者だと主張し、非キリスト教社会事業だけでなく、ウェスレアン・メソディスト派をはじめ他の多くのキリスト教諸派をも批判した。ブースにしてみれば、一九世紀半ばのキリスト教社会事業の多くは、ウェスレーやブースの基準から大きく逸脱したものだったのであろう。

アルミニアニズム的神学と「聖化」を重視したブースの慈善事業は、ウェスレーと同様に実践者および救済者の信仰による内的変化を必須とみなす信念に基づく活動であった。ブースも、聖化に関連した「信仰ゆえの苦悩」を確かに持っており、「神的」要素を接ぎ木しない社会事業を労働の浪費だと言い切る。もしこの聖化を彼の事業の「核」とみなすならば、聖化の視点から分析しない限り彼の活動も歴史的に正しく再構成することはできない。軍隊的な厳しい統率は、この聖化の使命から逸脱し、パリサイ派と同じ誤りに陥る者を出さないために必要だったのかもしれない。ウェスレーも、マナー改善協会を支援する説教で同様に実践者たちの強い結束力や決意の必要を強調していた。救世軍とは、ウェスレーの「聖化」の教えがブース夫妻の個性や一九世紀後半の特殊な都市問題と絡み合って約一〇〇年後の社会事業において息を吹き返して衆目を集めた珍しい一つの歴史現象、あるいは世俗化が進む時代にウェスレーの救済論・聖化論の教えの火を灯す決意をして心の聖化をすべての社会事業の目的とした稀有な存在であったなどと解釈できるのかもしれない。この「聖化」への使命という一筋の光に照らしてみるならば、ブースの社会事業こそが他のキリスト教諸団体のものとは異なりウェスレーの慈善活動を継承していると解釈できる可能性は高まる。

ただし、その解釈の正否を確かめるためには、同時代の他のメソディスト諸派の慈善活動や社会事業がその手法や目的でどこまでウェスレーの教えを実践できていたのかといった点で、救世軍と比較した詳細な調査が必要となる。聖化への使命は救世軍が一手に担っていたわけではない。たとえ聖化論の理解で若干の相違があったとしても、聖化の教えはどのメソディスト派も継承した。ウェスレーは、信仰実践で慣例や因習に拘束されるなと説いた。そのウェスレーの臨機応変さは引き継がれ、メソディスト派の伝統ともなった。ウェスレー死後の社会的激変によるウェスレー像の多様性にも影響され、メソディスト諸派はそれぞれの独自の神学や宣教方法、組織運営方法などを発展させ、互いに競い合った。しかし、この競合こそ、ウェスレーの教えが救世軍によって英国の最暗黒部の住民にだけではなく、他のメソディスト諸派を通じて中産階級など「リスペクタブル」な人々をも含む幅広い社会層へと浸透させたともいえる。次の課題として、ウェスレアン派やプリミティブ派などメソディスト諸派の慈善活動の調査・分析がどうしてもなされなければならない。

ウェスレーやブースの活動を今日の福祉・社会事業の祖やモデルとして描き続けるために、聖化が慈善活動の主要目的であった事実を伏せてしまえば、それは外的な信仰生活で立派であることに留まり続けイエスから嫌悪されたパリサイ派とあまり変わらない道を歩んでいたかのように二人を描いてしまうこととなる。ウェスレーとブースにとって、心の聖化と慈善は固く結びあっていた。そのどちらかを欠けばもはやウェスレーやブースのものとは無縁のものとなってしまう。メソディスト派の歴史的社会貢献を高く評価したい者にとっては、今日でもウェスレーを社会事業の祖として捉える解釈が存在することは喜ばしいことかもしれない。しかし、その好意的あるいは無邪気な姿勢は、ウェスレーの説教を富の蓄積を肯定するものとみなしたウェーバーのテーゼや、あるいはメソディスト派がイングランド社会を革命の危機から救ったとしたアレヴィのテーゼと同様に、ウェスレーやブースの慈善活動をロマン化・レジェンド化・神話化あるいは世俗化し、歴史の実態や本質を見誤らせる錯覚へと我々を誘う(75)。

今日の日本においても、社会事業やチャリティやフィランスロピの歴史についての多くの有益な研究が進展し、新たな光が歴史的実態を照らしてくれるようになった。しかし、ウェスレーやブースのようなキリスト教的な事業は歴史の闇に埋もれてしまう傾向にある。ブースの救世軍のようなキリスト教的社会事業は各時代の社会事業の主流になったり、どの時代にも通用する恒常的組織やシステムを生み出したりしないかもしれない。しかし、救世軍の事例は、イエスやウェスレーの説く聖化が各時代のニーズに合わせてキリスト教的慈善活動や社会事業を生み出す一つの原動力となりえたことの好例である。非キリスト教的な研究目的や関心に立つ研究者によって見えにくくされてしまっている歴史的実態をそのままにすべきではないであろう。キリスト教信仰の視点を重視する研究者は、信仰心に基づく活きた歴史的実態を史料から浮かび上がらせる点で、他者にはないアドバンテージや潜在力を有しているのではないだろうか。世俗的な今日的価値観での分析で十分とせず、かつ、教派的レジエンドを慕うのでもなく、歴史学的手法をしっかり踏まえたうえで、丁寧に信仰の世界からキリスト教社会事業の歴史をそれ自体の本質にそって示すことは、キリスト教史研究者としての義務でもあろう。社会事業の歴史が脚光を浴びている今こそ、キリスト教の内側から光をあてて、非キリスト教的研究者と共に過去の人々の豊かで幅広い歴史的営みの実態を浮き上がらせる好機かと思われる。慈善・社会事業でのウェスレーとブースの信仰ゆえの苦悩から見えてくる慈善活動・社会事業の歴史は、まさにその好例である。

(75) 社会学者マックス・ウェーバーがウェスレーの苦悩を重視せず、プロテスタンティズムと資本主義との親和性を示す理念型づくりのためにウェスレーの説教原文の主旨を曲げて「できる限り稼ぎ」「できる限り節約せよ」の箇所を本文に残し、肝心の「できる限り施せ」を脚注に入れて、ある種の概念操作をしたとされる。馬渕彰「メソジスト派の記述をめぐって」、キリスト教史学会編『マックス・ヴェーバー「倫理」論文を読み解く』(教文館、二〇一八年)一一五—一四六頁。

第二章　近代黎明期のドイツ都市におけるキリスト教社会事業
――カトリック都市ケルンとアーヘンの事例から

平松英人

はじめに

キリスト教会によって広く実践されてきたカリタス、隣人愛の営みとしての慈善や救貧は、一九世紀に入り都市化と近代化による新たな挑戦をうけ、様々な困難と苦悩を抱えながらも、その活動の規模と領域を大きく拡大しながら展開していった。本章では、一八世紀後半から一九世紀半ばにかけて、ドイツ社会が都市を主要舞台のひとつとして、前近代的な身分制社会から近代的な市民社会へと大転換を遂げつつある時代を近代黎明期として位置づけ、同じく黎明期にあったキリスト教社会事業とそれに関わる人々が直面した、その時代ゆえの困難と苦悩に着目する。まず「はじめに」では、都市化と近代化の入り口にあった一九世紀前半のドイツ都市で、「社会問題」として大きな社会不安を巻き起こした大衆貧困状況に直面した、当時のキリスト教会が置かれた状況とそこでの対応を概観する。その際、「世俗化」や「補完性原理」といった重要な鍵概念についても、本章を読み進むうえで必要な整理を試みる。次に具体的な事例として、ケルンとアーヘンという長い歴史を持つ有力なカトリック都市をとりあげ、都市史、社会史の成果からも学びながら、キリスト教社会事業がその理念と実践がゆえに直面した困難と苦悩の歴史的意義を検討し、明らかにする。その結果として、揺らぎのなかにあるとされて久し

い現代の福祉国家の将来像を構想するための、ひとつの重要な歴史的視座を獲得することが期待される。(1)

「社会問題」としての大衆貧困

一八〇〇年前後のドイツでは、都市の類型による差はあるものの、都市の全人口の一パーセントから、多く見積もってもせいぜい二〇パーセントが都市社会の上層に属する一握りの人々によって占められていた。いわゆる有産階級としての支配エリートである。次の一〇パーセントから四〇パーセントは、伝統的な都市市民として中間層を構成する独立自営の職人や商人たちが占めていた。そして、三五パーセントから、都市によっては七〇パーセント以上を占めたのは、財産や権利も持たず、都市社会の下層にあって日用の糧にも事欠くような人々であった。(2) 一九世紀前半の大衆貧困（パウペリスムス Pauperismus）と呼ばれる「社会問題」の中心にあったのが、こうした都市住民の大多数を占める下層民であった。(3)

パウペリスムスの原因をめぐっては、それが産業化に起因する現象かどうかが長く議論の的であった。現在では、その原因を一九世紀前半における、未だ産業化が本格的な展開を見せる以前の、労働力需要と人口増加の過度な不均衡に求めることが定説となっている。(4) この危機は一九世紀に入ると、農作物の不作による食料価格の上昇、産業化以前の低い生産性に起因する実質賃金の低下、農村部の余剰人口増加とその都市部への流入、プロト工業化の進展による生計の市場への依存、あるいはツンフト規制の撤廃といった、封建制的身分社会から近代市民社会への移行にともなう社会経済的諸制度の改革などが重なる形で、しばしば先鋭化した。パウペリスムスの根本的解決には、一九世紀後半の産業資本主義の発展による――都市部とその周辺における――新たな産業と雇用の創出を待たねばならなかった。一九世紀前半のドイツでは、労働者が多様な下層民から分化していく過程がまだ始まったばかりであった。「社会問題」が急激に都市化した近代都市の労働者問題として理解され、新たな社会政策の対象として浮上してくるのは、一九世紀後半になってからのことであった。

一九世紀前半の大衆貧困化としての社会問題は、また、当時の支配層や知識人、ブルジョワ層においては、保守主義者からだけでなく、自由主義者からも、国家と社会の秩序と安寧を脅かし、革命の火種になりかねない問題として、大いなる危機感と恐怖心をもって認識されていた。[5] 貧困の根本的な原因として、大衆や労働者の道徳

（1） 第二次世界大戦後の本格的な福祉国家展開を先導したイギリスをはじめとした欧米諸国では、とりわけ一九九〇年代以降のグローバル化の進展と新自由主義的な潮流の拡大による新しい社会的リスクの台頭に直面し、このままでは早晩立ちゆかなくなるという危機感が広く共有されるようになった。一八八〇年代以降のビスマルクによる一連の社会保険立法をもって、現代福祉国家の先駆例として必ず言及されるドイツも例外ではない。東西ドイツ統一後三〇年以上を経た現在も、東西間の社会経済的格差は依然として大きい。加えて難民問題や右派ポピュリズムの台頭によって、福祉国家の正当性原理そのものにも疑問符が突きつけられている。新たな時代に即した、持続可能な福祉国家の理念とあり方が今なお模索されている。富永健一『社会変動の中の福祉国家――家族の失敗と国家の新しい機能』中央公論新社、二〇〇一年。西欧や日本における福祉国家成立の歴史的背景を踏まえ、比較政治学の視点から、揺らぎのなかにある現代福祉国家について、今なお示唆に富む考察が展開されている。

（2） ただし、帝国都市であったケルンでは、都市上層と中間層をあわせて一割強となるのに対し、居城都市であったマインツではその割合が五割強と、都市の性格によって大きな差が認められる。しかし居城都市など一部の例外を除いて、多くの都市では人口の五割以上、時には六割から七割が最低生存限度ぎりぎりか、それ以下の生活を送る人々によって占められていた。Hans-Ulrich Wehler, Deutsche Gesellschaftsgeschichte. Erster Band. Vom Feudalismus des Alten Reiches bis zur Defensiven Modernisierung der Reformära 1700-1815, C. H. Beck, München, Erste, durchgesehene Auflage der broschierten Studienausgabe, 2008, S. 188-193.

（3） トーマス・ニッパーダイ（大内宏一訳）『ドイツ史　一八〇〇―一八六六　市民世界と強力な国家　上』白水社、二〇二一年、二七一―三〇六頁；山根徹也「市民社会の境界――三月前期ドイツにおける「プロレタリア」言説から」水野博子・川喜田敦子編『ドイツ国民の境界――近現代史の時空から』山川出版社、二〇二三年、一六―三九頁。

（4） ニッパーダイ『ドイツ史　一八〇〇―一八六六　上』二七二―二七三頁；Hans-Ulrich Wehler, Deutsche Gesellschaftsgeschichte. Zweiter Band. Von der Reformära bis zur industriellen und politischen «Deutschen Doppelrevolution» 1715-1845/49, C. H. Beck, München, Erste, durchgesehene Auflage der broschierten Studienausgabe, 2008, S. 285-286; 桜井健吾『労働者の司教ケテラーとその時代――十九世紀ドイツの社会問題とカトリック社会思想』教文館、二〇一九年、一二五―一二七頁。

的退廃が指摘される一方で、その対策として市民的社会改良を通じて、アトム化し、根無し草となった大衆を社会に統合しようとする運動が、協会やアソシエーションを組織的拠点として、一八四〇年代以降に本格化していった。(6)

大衆貧困とキリスト教会

このように一九世紀前半の大衆貧困は、その後の産業化社会、市民社会へと展開する近代黎明期を特徴づける「社会問題」であったが、伝統的な貧民救済の中心的な担い手であったのは、カトリックとプロテスタントの両宗派であり、キリスト教的伝統にもとづいた貧者観や救貧思想が、その活動を根底で支えていた。(7)そのキリスト教会は近代黎明期において、世俗化による政治的、社会的、経済的基盤の弱体化に加え、大衆貧困化による教会組織の大衆的基盤の弱体化という、二重の挑戦と危機の前に立たされていた。(8)具体的には、一七八九年のフランス革命勃発とその後のナポレオン戦争により、神聖ローマ帝国は解体し、ドイツはライン地域がフランスに併合されたことで、ケルン、トリーア、マインツといった神聖ローマ帝国を構成した有力聖界諸侯の所領がフランス領とされ、教会が中世以来所有してきた権利や財産が剝奪、国有化された。この意味での世俗化（Säkularisation）と並行して、(9)もう一つの世俗化（Säkularisierung）――政教分離、より広くは近代化にともなう宗教・信仰に対する理解や態度の変容、そして、脱宗教化という意味で用いられる(10)――が進展した。政治的には、世俗国家が宗教、教会の統制強化に向かう一方で、キリスト教会が――もちろんカトリックとプロテスタントで違いはあるものの――国家、あるいはナショナリズムと結びつく傾向や、逆に国家からの自立、あるいは一定の距離を保とうとする傾向も見られた。社会的には、マックス・ヴェーバーの有名な「世界の脱魔術化」テーゼが説くように、聖餐式や礼拝出席率の低下など教会と信徒との結びつきが弱体化し、信仰の個人化や内面化が進んだ。人間中心主義や自己中心主義が社会に浸透し、宗教的無関心も広がり、さらには反教会、反宗教などを掲げた批判勢力の伸長も見られた。しかし、世俗化の過程は単線的で不可逆的な過程では決してなく、例えば信心深さと自由主義的な思想は必ずしも相反するものではなく、同一人物のなかで大きな矛盾もなく併存することも珍しいことではなかった。

社会においても個人においても、近代化の歴史をそのまま世俗化（Säkularisierung）、脱キリスト教化の歴史に

（5）ニッパーダイ『ドイツ史　一八〇〇―一八六六　上』二九九頁：一九世紀前半のヨーロッパにおける自由主義と社会問題との関係については、ヘレナ・ローゼンブラット（三牧聖子・川上洋平訳）『リベラリズム　失われた歴史と現在』青土社、二〇二〇年、一〇一―一四三頁。ドイツについては一二七―一二九頁。

（6）ニッパーダイ『ドイツ史　一八〇〇―一八六六　上』三〇〇―三〇六頁：平松英人「長い十九世紀におけるドイツ市民社会の歴史的展開――市民層・協会・地方自治」石田勇治・川喜田敦子・平松英人・辻英史編『ドイツ市民社会の史的展開（現代ドイツへの視座　歴史学的アプローチ三）』勉誠社、二〇二〇年、一二九―一四五頁。

（7）平松英人「「ふさわしい貧者／ふさわしくない貧者」の概念史――一九世紀前半の「社会問題」にみられるキリスト教的規範と市民的規範」水野・川喜田『ドイツ国民の境界』四〇―六三頁。

（8）以下、トーマス・ニッパーダイ（大内宏一訳）『ドイツ史　一八〇〇―一八六六　市民世界と強力な国家　下』白水社、二〇二一年、九―六九頁による。この続編である、同『ドイツ史　一八六六―一九一八　労働世界と市民精神　下』白水社、二〇二三年、九―一三七頁、とあわせて、長い一九世紀におけるカトリシズムとプロテスタンティズム双方の歴史的展開にとどまらず、ドイツ近代史における宗教の歴史的意義を理解するうえでの基本文献である。

（9）Peter Blickle/Rudolf Schlögl, Die Säkularisation im Prozess der Säkularisierung Europas. Einleitung, in: dies. (Hg.), Die Säkularisation im Prozess der Säkularisierung Europas, bibliotheca academica Verlag GmbH, Epfendorf 2005, S. 11-17.

（10）「世俗化（Säkularisierung）」概念のみでは近世から近代にかけてのヨーロッパ社会における「宗教」の複線的かつ重層的な展開・変容過程と、そこでキリスト教が果たした特別な役割を分析、理解するうえでは不十分であるとし、関連する複数の概念を総合的に検討・分析する重要性が指摘されている。Hartmut Lehmann, Säkularisierung, Dechristianisierung, Rechristianisierung im neuzeitlichen Europa. Forschungsperspektiven und Forschungsaufgaben, in: ders. (Hg.), Säkularisierung, Dechristianisierung, Rechristianisierung im neuzeitlichen Europa. Bilanz und Perspektiven der Forschung, Vandenhoeck & Ruprecht, Göttingen 1997, S. 314-325.

重ね合わせることはもはや適切ではなく、ドイツの一九世紀はむしろ、キリスト教と教会によって新たに特徴づけられた、第二の宗派化の時代であったともいわれている。[11] 啓蒙主義的近代性の促進か、あるいはそれとの調和や和解か、あるいは全くの拒絶かをめぐる熾烈な争いが、宗派間だけでなく宗派内でも展開された。そのなかから宗教や宗派の新たな評価と刷新が試みられ、信仰覚醒運動や社会の再キリスト教化運動が大衆的な運動として隆興したのである。ドイツでは、先に見たようにカトリック教会が世俗化（Säkularisation）された一方で、ローマを中心としたカトリックの国際化と教皇至上主義化が伸長した。当初多数派であった教会内部の近代化論者や譲歩論者などが教皇至上主義者から闘いを挑まれ、一八四〇年代以降、ついには教皇至上主義が決定的な意味を持つにいたった。その後一九世紀を通じて、近代との敵対関係、近代国家や自由主義からの干渉、攻撃に対する絶えざる自己防衛の意識が、教会や信徒の世界と自己の認識を大きく規定し、[12] カトリシズム刷新運動への大衆的動員の大きな原動力となった。興味深いのは、このような反近代的な教皇至上主義にもとづく運動が、協会や結社といった一九世紀市民社会を特徴づける組織原理によって展開されていったことである。そこでは聖職者が主導的な役割を務めることも多かった一方で、動員される大衆側の意思を反映させる民主的な基盤が提供され、伝統的な慈善活動や伝道活動に加え、多種多様な目的を掲げ、組織された「団体カトリシズム Verbandskatholizismus」と称される宗教運動が興隆する契機となった。こうして「団体カトリシズム」やカトリック・ミリュー[13]の形成などを通じて、一九世紀ドイツの宗教地図を特徴づけるカトリシズムのブロック化が進んでいった。

かたやプロテスタントに目を向けると、宗派内における自由主義派と保守主義派との緊張関係は、啓蒙主義、正統派、そして敬虔主義という神学上の争いに極めて強く規定されながら、近代との対峙において、近代と融和しその流れに棹さす方向と、キリスト教の理性主義的、理想主義的、自由主義的解釈ならびに近代との融和に強く反対する方向とに向かっていった。[14] そして、前者の影響が神学者や知識人、教養市民層といった比較的狭い範囲の思想運動に限定されていたのに比べ、後者、特に敬虔主義が精神的支柱となった信仰覚醒運動は、一九世紀を貫く大きなうねりとなり、そのなかで信徒による社会実践活動の場として救貧や看護、貧民教育などを目的とした様々な社会事業、施設が生み出された。(15) 特筆すべきは、このような社会実践活動がカトリックの場合と同じく、市民的な協会、アソシエーション活動として組織され、展開されていったことである。その後一九世紀後半から二〇世紀にかけて、この運動はプロテスタント全体を巻き込んだ事業として展開されるにいたり、カトリッ

(11) 以下も参照。伊達聖伸編『ヨーロッパの世俗と宗教——近世から現代まで』勁草書房、二〇二〇年、六四—六五頁。

(12) 国家との関係では、一九世紀は宗教的権威としての教会と世俗的政治的権威としての国家とが分離・独立していく過程であった一方で、国家が宗教的な領域での影響力を、教会が世俗的政治的な領域での影響力を、それぞれ確保、拡大すべく相互に主張を展開した。

(13) 最初に社会道徳的ミリューとしてミリュー概念を提唱した社会学者のレプシウスによれば、ミリューとは「宗教、地域の伝統、経済状況、文化的態度（……）などの社会を構成する要素が時を同じくして形成されたひとつの社会的まとまり」であり、「そのような要素がある特定の住民集団に、その集団のみに当てはまる特徴として関連づけられることで社会的文化的に形成されたもの」である。当初はドイツ政党制度の歴史的連続性と展開をより適切に分析するうえで導入された概念であったが、次第に労働史やカトリック研究さらには自由主義やプロテスタンティズム、市民層研究にいたるまで広く用いられる分析概念となった。**Reiner M. Lepsius, Parteisystem und Sozialstruktur. Zum Problem der Demokratisierung der deutschen Gesellschaft, in: ders., Demokratie in Deutschland. Soziologisch-historische Konstellationsanalysen, ausgewählte Aufsätze, Vandenhoeck & Ruprecht, Göttingen 1993, S. 25-50.** ここでは S. 38.

(14) ここでも、反近代的で後進的なカトリックに対し、近代的で先進的なプロテスタントといった単純な図式はいったん括弧に入れておく必要があろう。伊達『ヨーロッパの世俗と宗教』六四頁。

(15) 一九世紀以前のキリスト教と社会事業、特に社会事業に積極的に関わり、その後の社会事業や福祉の歴史的展開に深く関わった敬虔派については、猪刈由紀「ハレ・フランケ財団（シュティフトゥンゲン）における救貧と教育——社会との距離・神との距離・積極性」『キリスト教史学』七〇号、二〇一六年、九二—一一二頁；同「ヴェーバーによるドイツ敬虔派の論述」キリスト教史学会編『マックス・ヴェーバー「倫理」論文を読み解く』教文館、二〇一八年、八三—一一〇頁。特に一〇〇—一一三頁。

クにおける団体カトリシズムと並び、ドイツ福祉国家が成立するうえで不可欠の歴史的基盤となった。

近代市民社会黎明期のキリスト教社会事業は、このような近代化・世俗化の潮流のまっただなかにあって、様々な危機や困難に直面することになった。[16] 特にカトリックにとっての近代は、ナポレオンによる占領に加え、一八一五年のウィーン会議後にはプロテスタント国であったプロイセンを中心にドイツ統一が進められた結果、プロテスタント以上に二つの意味での世俗化による危機に直面し、宗派的少数派として、近代化・世俗化の大波からの防戦を強いられた。さらに近代黎明期の都市にあっては、ツンフトなど前近代的な身分団体による保護が喪失し、国家による社会政策も未だ不在のなかで、「社会問題」の解決に際しては、教会や市民らによる自助組織による慈善活動と並んで、あるいはそれと競合する形で、地方自治の枠組みで都市市民層が中心となる公的救貧事業が成立することになった。[17]

「社会問題」と補完性原理

ケルンの事例に移る前に、ここでキリスト教（とりわけカトリック）とドイツ福祉国家との関係が議論される際、常に鍵概念のひとつとして言及される「補完性原理 Subsidiaritätsprinzip」について、本章での議論を進めていくための助けとなる範囲で簡単に整理しておきたい。[18] 一九世紀前半の大衆貧困状況を前に、キリスト教会は当初、その原因を大衆が教会から離反したことに求めた。社会問題の本質を、教会に対する道徳的な挑戦ととらえた教会は、その解決への使命は教会のみにあると考えた。しかし、一九世紀半ばには、早くもマインツ司教ヴィルヘルム・エマニュエル・フォン・ケテラー[19]（Wilhelm Emmanuel von Ketteler, 一八一一―一八七七）が近代産業社会における労働者問題を「社会問題」として認識し、その解決のために限定的ながら国家の介入を要請したことで、それ以降、教会だけでも国家だけでも社会問題は解決できないという認識が、徐々にではあるがカトリック教会内で共有されていった。[20] このような国家の限定的、補完的役割理解は、一八九一年の教皇レオ一三世による回勅

『レールム・ノウァールム（新しいこと）』を経て、一九三一年の教皇ピウス一一世による回勅『クアドラゲシモ・アンノ（副題：資本主義の弊害と社会主義の幻想）』によって、カトリック社会教説における「補完性原理」として定式化された。回勅『クアドラゲシモ・アンノ』の七九項では、補完性原理が次のように定義されている。

---

(16) ドイツ近現代史研究における宗教・宗派の観点からなされる福祉国家、福祉史研究の近年の動向については、中野智世「西欧福祉国家と宗教――歴史研究における新たな分析視角をめぐって」『ゲシヒテ』第五号、二〇一二年三月、五三―六六頁。

(17) 一九世紀のカトリック慈善事業とその近代化のこころみについては、中野智世「カトリック慈善の近代――ドイツ・ヴァイマル福祉国家におけるカリタス」中野智世・前田更子・渡邊千秋・尾崎修治編著『近代ヨーロッパとキリスト教――カトリシズムの社会史』勁草書房、二〇一六年、二九三―三二一頁；平松「長い十九世紀におけるドイツ市民社会の歴史的展開」。

(18) 以下の文献による。Karl Gabriel/Hans-Richard Reuter, Religion und Wohlfahrtsstaatlichkeit in Deutschland. Korporatistischer Sozialversicherungsstaat mit konfessioneller Prägung, in: dies./Andreas Kurschat/Stefan Leibold (Hg.), Religion und Wohlfahrtsstaatlichkeit in Europa, Mohr Siebeck, Tübingen 2013, S. 93-140. 特にS. 114-115; 坂井晃介『福祉国家の歴史社会学――一九世紀ドイツにおける社会・連帯・補完性』勁草書房、二〇二一年。特に二一五―二四三頁。「補完性」原理とその社会政策的含意がカトリック社会論に限定されるものではなく、同時代の自由主義者や社会主義者らによる、「社会問題」解決へ向けた戦略と機能的に等価であるという坂井の指摘は重要である。

(19) ケテラーについては、桜井『労働者の司教ケテラーとその時代』を参照。補完性原理の先駆者としてのケテラーについては、その第二章に詳しい。

(20) キリスト教の歴史における「補完性」概念については、カトリックだけでなくプロテスタントにも重要な思想的源流が認められている。そこでは、社会的な困窮を和らげるために、国家、教会、そして私的で自発的な慈善活動の三者が秩序をもって協働する、真のキリスト教的救貧事業の必要性を強調するルター派的伝統が指摘されている。そのうえで、早くも一九世紀に入ると、プロテスタント神学や国家学において、国民に対して生存に必要な最低限を保障する補完的な役割を国家に認める言説が展開されていったとされる。Andreas Kurschat, Von der Almosenkritik zum modernen Sozialrecht, in: Karl Gabriel/Hans-Richard Reuter (Hg.), Religion und Wohlfahrtsstaatlichkeit in Deutschland, Mohr Siebeck, Tübingen 2017, S. 167-195, 特にS. 173-174; Karl Gabriel, Subsidiarität als Leitsemantik und Strukturmerkmal des deutschen Wohlfahrtsstaats, in: ders./Reuter, Religion und Wohlfahrtsstaatlichkeit in Deutschland, S. 363-395.

「個人が自発的かつ自力で成し遂げられることを個人から取り上げ、社会がなすこととしてはならないように、より小さな、より下位の共同体が成し遂げ、よき結果に導くことができることを、それより大きな、さらに上位の共同体のために要求することは正義に反する。それは同時に非常に不都合で、社会秩序全体を混乱させる。社会がなすことはすべて、その本質と概念からして補完的である。社会の本体を構成する要素を社会は支えるべきなのであり、決してそれらの構成要素を打ち砕いたり、吸収したりしてはならない」。

ここでは個人、より小さな、より下位の社会的単位から始まり、より上位の、最終的には国家の介入が要請される段階へと権限が段階的に配分されている。権限の階層性においてより下位の区分を優先することに加えて、カトリックの補完性原理は、国家を頂点とするより上位の共同体に対し、個人、家族、協会、組合、教会施設といったより下位の共同体に自助能力を与える義務を課す。重要なのは、あくまでも自助のための援助に中心的価値が置かれているということである。さらに共同体の規模がより大きく、より包括的になればなるほど、上位の共同体にはそれだけいっそう厳しい自己統制が要請される[21]。この原理は、各社会単位間で競合関係が生じた場合には、個人に最も利益を与える社会単位を強めるという原則があることでも貫徹されている。

補完性――と連帯性――の原理は、カトリック教会と国家との関係が、それまでの敵対関係から補完的・相補的関係へと転換する神学的根拠を提供したが、カトリック教会と近代資本主義との関係においても、その後のドイツ福祉国家へと至る道を開くものであった。カトリック教会は、資本主義を技術的組織的制度として受け入れたが、それはあくまでも資本主義において労働の価値が高められ、資本と労働のパートナーシップ的協力関係が実現される経済制度と結びつけられている限りにおいて、という留保つきの承認だった。

一　カトリック都市ケルンにおけるキリスト教社会事業

一九世紀前半の市民社会における「社会問題」

近代黎明期のケルン市民にとって、都市における救貧事業はケルン市民としてのアイデンティティの一部をなし、公的な関心の中心にあった。[22] 一八一五年以降、ケルンで公的救貧事業の主体であった救貧局は、一八三〇年の報告書のなかで公的救貧事業が市民社会の安寧を維持し向上させるうえでもつ特別な重要性について市民の注意を喚起し、「公的救貧事業は都市自治と直接的な関係にあり、なかでも救貧事業ほど市民全体の参加を要請するものは他にない」と強調した。[23] フランス支配下の体制を引き継いだ救貧局は、組織的にはケルン市行政の一部ではなく、「中央慈善協会」として市当局からは独立した組織と財政基盤を有していた。[24] 市民から任命された救貧委員が定期的に担当の困窮家庭を訪問する在宅援助が、公的救貧事業の中心に据えられた。援助業務にあたっ

---

(21) こうした権限の原理としての「補完性」は、カトリック社会教説のもう一つの重要な概念である「連帯性」と相補的な関係にある。「連帯性」は、個人と個人、個人と社会全体が相互に依存関係にあるという現実を表すと同時に、その現実から生じる互いのために支え合う義務という規範的な側面を持つとされる。Gabriel, Subsidiarität als Leitsemantik und Strukturmerkmal, S. 371.

(22) Gisela Mettele, Bürgertum in Köln 1775-1870. Gemeinsinn und freie Association, Oldenbourg Verlag, München 1998, S. 135.

(23) Bericht der Armenverwaltung zu Köln über den Zustand der städtischen Armenpflege, Köln 1830.

(24) 中央慈善協会は役員会と救貧区からなり、役員会は市民から任命される名誉職の会長、市の代表として市長（あるいはその代理の助役）、カトリックとプロテスタント教会の代表各一名、市民の代表者一二名で構成された。救貧区は伝統的な教区と重なる形で設置され、救貧区の役員会には救貧委員のほかに教区司祭が終身役員として加わった。

た救貧委員には、都市中間層を核に、上層から下層まで幅広い市民の参加が確認できる。[25]救貧事業への参加は市民的な義務とみなされていたが、救貧委員の三分の一近くには選挙権[26]がなく、法的な意味での市民権を持つ市民ではなかった。なかには必ずしも余裕のある生活水準にあったとはいえない人々も含まれていたが、それゆえの貧者との距離の近さが利点とされた。彼らは名誉職の救貧委員――当時は「貧民の父」[27]と呼ばれた――として定期的に受け持ちの貧困家庭を訪問し、家庭、経済状況の調査、勤労と規律正しい生活を身につけるための指導、道徳心の涵養、子供の訓育などに従事し、必要に応じて救貧局に援助を申請した。公的援助を必要とした貧者の多くは病人や身体障害者、そして失業者であったが、援助は原則、スープやパン、衣類、マットレスといった現物支給で行われた。大衆貧困の時代にあって、生活困窮者の正確な人数を知る資料には乏しいものの、一八一六年から一七年にかけての不作による大危機の際には、最大二万人ほどの生活援助受給者がいたと推測されている。一八四八年の困窮者リストには、およそ二万五〇〇〇人の名前が記載されており、これは割合にして全人口の三割にもあたる数であった。[28]

こうした状況に対し、一八四八／四九年革命前夜の一八四〇年代初めまでに、市民のイニシアチブによる様々な社会事業が「協会」の形態をとって展開された。一例を挙げると、一八四五年には救貧医のカール・ルートヴィヒ・デスターや精糖工場主のカール・ヨーストらが中心となって「目下の困窮対策協会」を設立し、一日あたり三〇〇〇人から多いときで六〇〇〇人の困窮者にパンやスープ、衣料品を支給し、路上生活者のために空き家を提供したりした。こうした危機のまっただなかの一八四六年、困窮した民衆による暴動を恐れたプロイセン政府により、協会の活動が突然禁止されたが、[29]それは逆に大衆貧困という「社会問題」が、いかに恐れをもって当局側から認識されていたかを物語ってもいよう。

このように、工業化と都市化がいよいよ本格的な展開を見せはじめる一九世紀半ばを迎える頃には、大衆貧困としての「社会問題」の深刻化は、市民社会の秩序と安寧を大いに脅かす問題と認識されていたが、その根本的な原因も有効な対策も未だ十分には見いだされてはいなかった。一八五〇年には、住民の五人に一人が何らかの形で公的援助を受けていたのだが、救貧局の財政状況は逼迫しており、市からの補助金だけでは年々膨らむ赤字を埋め切れず、市議会にはたびたび追加の予算措置が求められた。補助金が市の歳出に占める割合は、一三パーセント（一八四七年）から一八パーセント（一八五七年）と年々増加していたが、市当局が危機感を募らせたのは、そのためばかりではなかった。それ以上に市当局には、カトリック教会がその影響力を民衆に拡大するために、公的救貧事業を利用しているのではないか、という強い疑念があった。事実、中央慈善協会は中央の役員会においても救貧区の役員会においても、キリスト教会、それもケルンで多数派だったカトリック教会の意向が強く反映される組織体制であった。[30] 常になり手不足だった救貧委員を教区の司祭が推薦するケースや、援助を受ける貧

（25）一八四九年の救貧委員名簿による。Mettele, Bürgertum in Köln 1775-1870, S. 135.

（26）当時の市議会議員選挙では、納税額にもとづく三級選挙制度が実施されていた。三級選挙制度とは、納税額にもとづき全有権者を三階級に分け，各階級からそれぞれ同数の議員を選出するというものである。ケルンでは最下級の三級選挙権を得るには四〇〇ターラーの年収が必要であったが、一九世紀半ばのケルンで年収四〇〇ターラーといえば、十分に裕福な生活水準にあった。例えば、繁盛していた独立自営の職人、教師、会計や文書係といった職業に就いていた人々に加え、プロイセン政府の州長官といった高級官吏も三級に含まれていた。ケルンは一九世紀を通じて、選挙権を得るための最低納税額がライン地域で最も高額な都市のひとつであった。市民権を持つ有権者の割合は一九世紀半ばで全人口の五パーセントにも満たず、一九世紀末になってもおよそ一〇パーセントに過ぎなかった。Hermann Kellenbenz (Hg.), Zwei Jahrtausende Kölner Wirtschaft. Band 2. Vom 18. Jahrhundert bis zur Gegenwart, Greven Verlag, Köln 1975, S. 247-248; Hideto Hiramatsu, Bürger im Spiegelbild der Armut. Armenwesen und Armenfürsorge in den Städten Köln und Osaka im Vergleich, Iudicium Verlag, München 2018, S. 132.

（27）辻英史「「貧民の父」？——ドイツ名誉職救貧制度の理想と現実」高田実・中野智世編『福祉』（近代ヨーロッパの探究一五）ミネルヴァ書房、二〇一二年、一九五—一九六頁。

（28）Kellenbenz, Zwei Jahrtausende Kölner Wirtschaft, S. 247.

（29）Ebd.

者が固定化、常連化する傾向が指摘されるなど、市当局の目には、教会が公的救貧事業を隠れ蓑にして、民衆との間に悪しきパトロン―パトロネージ関係を構築、維持しているようにさえ映っていた。カトリック教会には、公金を利用した貧者への施しを通じて、「下層民衆の活力を弱め、道徳の崩壊を招いている」と厳しい批判のまなざしが向けられた。市当局からは状況を打開するため、中央慈善協会を市の行政組織の一部に統合する案を中心とした改革案が打ち出されたが、この試みは市当局とカトリック教会の間だけではなく、市民の間にも厳しい対立と深い亀裂を招く事態となった。公的救貧事業が完全に市行政の一部に統合されるのは、その後二〇年近くの長い紆余曲折を経て、プロイセンがドイツ統一を果たした一八七一年のことであった。(31)

公的救貧事業とキリスト教信仰

公的救貧事業を完全に市当局の管轄下に置こうとする試みに対し、カトリック教会側は強く反発した。伝統的なカトリック都市であるケルンにとって、教会、学校、そして救貧事業の三者は秩序ある都市共同体を支える欠くべからざる支柱であり、そのいずれもが市当局からの干渉を受けない、独立した存在でなければならないとの主張が展開された。先に見たとおり、一八三〇年の救貧局報告書では、公的救貧事業が有する特別な重要性ゆえに、そこでの市民全体の参加が要請されていたが、それはこのカトリック的伝統を踏まえて実現されるべきものであった。いいかえれば、信仰にもとづくカリタス、隣人愛の営みこそが、市民の公的救貧事業への自覚と参加を促し、そして、古き良きカトリックの伝統的秩序があってこそ、はじめて市民と貧者とのよき関係が保たれるという主張であった。これは基本的にはローマに忠実な保守的カトリックの立場を代表するものだったが、リベラルなカトリックも、公的救貧事業はカリタス、隣人愛の営みであるという基本認識では一致していた。この点でカトリック内の立場に大きな違いはなく、対立が先鋭化したのは、カトリックとプロテスタント、そのなかでもカトリック保守派とカルヴァン派との間だった。この対立は市議会に持ち込まれ、両者の間ではたびたび激しい論争が繰り広げられた。裕福な大商人であったカルヴァン派市議は人数としては市議会の少数派に留まったが、三級選挙制度下でのケルン市政では大きな発言力を維持していた。少し時代は下るが、カルヴァン派市議の貧者観が良く表されている発言を引用してみよう。

「公的救貧事業の対象となる貧者は、罪なく貧困に陥ったわけではない。なかには確かによい要素もなくはないが、疑いなくわずかしかない。大多数は助けようもない不幸な者たちだ。哀れな彼らが困窮し路頭に迷わずに済むように救貧法がある。自らの罪で貧困に陥り『道徳的にまったく堕落した』貧者を規律化し教化するには、在宅扶助ではなく英国型の救貧院（Workhouse）こそふさわしい(32)」。

ここでは貧困に陥った原因として貧者自らの罪が強調され、情け容赦のない自己責任論が展開されたうえに、「道徳的にまったく堕落した貧者」という言葉には救いがない。公的救貧事業に求められたのは、規律的懲罰的機能であった。市民社会の秩序と安寧を守るためには、道徳的に堕落した貧者は強制的に社会生活から排除され、救貧院に隔離される必要があった。救貧院では市民社会的な規律と道徳（勤労と勤勉）が教え込まれるだけでは

---

(30) このようなキリスト教会の影響力が強く残る救貧体制は「教会＝市民的救貧事業」とも呼ばれる。Emil Münsterberg, Das Elberfelder System. Festbericht aus Anlaß des fünfzigjährigen Bestehens der Elberfelder Armenordnung (= Schriften des deutschen Vereins für Armenpflege und Wohltätigkeit Heft 63), Leipzig 1903. 一九世紀半後半、自治体による公的救貧事業改革の成功例とされ、ドイツ各地に広まったエルバーフェルト制度は、純粋に「世俗的な」制度として成立したといわれている。加来祥男「エルバーフェルト制度の成立――ドイツ救貧制度史の一駒」『甲南経済学論集』第三一巻、第四号、一九九一年三月、五七―八三頁。

(31) 一九世紀ケルンにおける公的救貧事業改革については、平松英人「一九世紀ドイツ都市における公的救貧事業の理念と実践――市民的自由主義とキリスト教慈善事業の間で」『キリスト教社会福祉学研究』第四九号、二〇一七年、二九―四三頁。

(32) 一八八八年一月二七日ケルン市議会での発言。Hiramatsu, Bürger im Spiegelbild der Armut, S. 126-127.

なく、正しいキリスト教信仰に戻るよう再教化される必要もあった。なぜなら、貧困に陥った原因である罪とは、第一義的には不信仰の罪だったからである。そして、この貧者に向けられた厳しい視線は、市民に対しても同様に向けられていたことにも注意を払う必要がある。市民に対しては、救貧委員として市民的義務と徳を体現することで、公共の福利に奉仕する覚悟と自覚が求められた。この名誉ある義務に従わない市民に対しては、市民たるゆえんである市民権の剝奪という厳しい態度で臨むこともやむなしとされた。

一九世紀を通じて市議会の多数派はリベラルなカトリックが占めており、彼らは基本的にはプロテスタント派の市議と共同歩調を取ることが多かった。貧者観や救貧思想では保守派のカトリックと認識を共有していたとはいえ、教皇至上主義が支配的思想になるのと並行して、リベラルなカトリックにとっては公的救貧事業が彼らの理念とする「階級なき市民社会」を実践する場となっていった。ケルンの住民に市民的徳や価値観、規範意識を涵養し、「市民」的存在に統合することで、都市共同体全体での「公共の福利」と「階級なき市民社会」を実現する。そのためには、教皇至上主義一色に染まったカトリック教会の影響力を排除し、地方自治の枠組みで純粋な市民的救貧事業として公的救貧事業を改革する必要があった。その背景には、一八六九年から一八七〇年にかけて開催された第一バチカン公会議で、教皇首位説および教皇不可謬説に関する教義憲章が採決され、教皇至上主義が最終的な勝利をおさめたことも、少なからず影響を及ぼしていると考えられる。[33]一例を挙げると、教皇至上主義に反対する司祭や信徒らにより一八七二年には古カトリック教会が設立されたが、ケルン市議会のリベラル陣営にも、この派に属する市議が少なからず存在していた。[34]また穏健派を含むカトリック保守派にとっても、ローマの反近代、反自由主義的な強硬姿勢は、穏健な自由主義者との協働や妥協をより一層困難にした。その結果、リベラル派カトリックとプロテスタントの連合である議会主流派に対する、カトリック中央党に組織された保守派カトリックという対立の構図が固まった。数としては少数の裕福な市民層を代表するリベラル派カトリックは、三級選挙制度にも利され、一九世紀を通じて議会多数派の地位を維持した。一方、団体カトリシズムやカトリック・ミリューを基盤とした大衆的な支持を背景に党勢を拡大させたカトリック中央党であったが、議会で安定的に多数派を占めるようになったのは二〇世紀に入ってからのことであった(35)。

公的救貧事業改革の主導権と中身をめぐり、リベラルで世俗的な流れが主流となるにつれ(36)、保守的なカトリックのなかには公的救貧事業から距離を置こうとする動きも見られるようになった。彼らはカトリック教会と信仰への忠誠にもとづきつつ、団体カトリシズムを足場に、個人が職業別団体などの中間団体に編成された秩序ある世界の実現をめざし、独自の世界観にもとづく慈善事業を展開した。次に引用する発言には、公的救貧事業と比べた彼らのカトリック慈善事業の本質が述べられている。

(33)　それに先立つ一八六四年一二月八日、教皇ピウス九世により発表された回勅『クワンタ・クラ』には、時代の間違った八〇の考えを命題としてまとめたSyllabus Errorum（近代主義者の誤謬表）が付されていた。そこでは、反キリスト教的なという留保は付けられていたものの、宗教・意見・学問の自由、民事婚、国家教会制、国家運営による学校、自由主義、フリーメーソン、人民主権と民主主義、普通選挙権と国民の至上性、社会主義と資本主義といった進歩や自由主義、近代文明に対し教皇は和解し、妥協することはあり得ないとされた。ニッパーダイ『ドイツ史　一八〇〇—一八六六　下』二二頁。

(34)　Thomas Deres (bearb.), Der Kölner Rat. Biographisches Lexikon, Bd. 1, 1794-1919. (= Kleinertz, Everhard (Hg.), Mitteilungen aus dem Stadtarchiv von Köln 92), Köln 2001.

(35)　Historisches Archiv der Stadt Köln (Hg.), Stadtrat, Stadtrecht, Bürgerfreiheit. Ausstellung aus Anlaß des 600. Jahrestages des Verbundbriefes vom 14. September 1396, Köln 1996, S. 196.

(36)　こうした自治体社会リベラル主義（Kommunaler Sozialliberalismus あるいは同時代の概念ではMunizipalsozialismus とも呼ばれ、社会主義的な改革の含意はなく、むしろ市民的社会改良により自治体における公共の福利実現を目指した）の流れと、それに先立つ民間のイニシアチブによる社会事業団体（市民による団体や協会、基金や財団、宗派による協会や社会事業施設、修道会や信心会など）の間の協働あるいは競合関係が深まるにつれ、その調整が自治体にとっては大きな課題となっていった。自治体社会リベラル主義については、Dieter Langewiesche, Liberalismus in Deutschland, Suhrkamp, Frankfurt am Main 1988, S. 200-211.

「民間慈善事業の意義は、公的救貧事業などが必要最低限の援助に留まるのに比べ、それを超えた範囲の援助を行うところにある。というのも、骨身を惜しまないカリタスの営みは、貧者の窮状に接し、罪のあるものにはもちろん、それ以上に罪のないものに向かいあうべきものだからである。カリタスは貧者に必要不可欠なもの以上を与えるが、それは与えられるにふさわしくない貧者に対しても同様に与えられる。なぜなら、施しはそれにふさわしくない貧者になされる時でも、多くの場合、そこには施されるにふさわしい家族、あるいは罪なき家族がいて、その助けとなるからである(37)」。

リベラルで世俗的な理念に支えられた改革路線に沿って、合理的で計画的に自治体社会事業を展開するうえで、むしろ障害とも見なされた保守的カトリックによる慈善活動は、一九世紀を通じて協会などのボランタリー・アソシエーションの形態をとって、社会事業としてその活動範囲と領域とを広げていった。のちにカリタス・カトリシズムとして特徴づけられるこうした活動は、先にも述べたとおり、近代化と教皇至上主義との厳しい緊張関係を背景に、カトリック民衆の動員手段として各地に成立したが、下からの民衆運動という性格も濃厚に有していた。ここで紹介するフィンツェンツ協会（**Vinzenzverein** または **Verein vom hl. Vincenz von Paul**）も、そのひとつの典型例である(38)。

同協会は、一八四五年にミュンヘンで結成されたのち急速にドイツ各地に広がり、カリタス・カトリシズムの一大ムーブメントを生み出した。一九一二年には、ドイツ全土で六七二の協会組織と一万四〇〇〇人以上の協会員により、一万五〇〇〇世帯以上の困窮家庭に対し支援活動を行う組織にまで成長した。当初は主に現物支給による在宅での支援活動を中心としたが、次第にその活動の範囲を広げ、病人の看護、司牧補佐、青少年保護、老人ホームや保養所などの設立と運営など、幅広く社会事業を展開していった。このように半世紀の間にその活動範囲と勢力とを伸長させた背景には、第一に、その活動が自主的な隣人愛の営みとして、あつい信仰的動機に導かれた俗人に支えられていたことが挙げられる。第二には、閉鎖的な地域のカトリック・ミリューがボランタリー・アソシエーションの形態をとって、全国的にネットワーク化されたことが挙げられる。地域のカトリック・ミリューに深く根を下ろし、地域の必要性に即した主体的な活動が、ボランタリー・アソシエーションの形態で組織化され、その上に各地方組織が緊密な全国ネットワークを築きあげたことで、協会活動を通じて各地のカトリック・ミリューの連携とコミュニケーションが活性化した。そのことが、産業化の時代における地域ごとにますます多様化し、しかも急速に増大する貧困化リスクに対して、同協会が高い適応力を発揮することを可能にし、その活動を成功に導いたとされる。[39] こうして一九世紀後半には、同協会はカリタス・カトリシズムにおいて独占的な地位を占めるにいたった。

ケルンでも、一八九〇年代には三一のフィンツェンツ協会が存在し、活発な救貧慈善活動を行っていた。一九世紀半ば以降、民間の慈善団体と公的救貧事業との間には、一方で協働関係が成立していったが、他方で両者はその担い手である市民だけでなく、その支援対象である貧者をめぐっても競合する関係にあった。[40] 協会にとっては、公的救貧事業や社会政策の存在は、もちろん生活困窮者にとっては喜ばしいものである一方で、公的資金が

（37） Hiramatsu, Bürger im Spiegelbild der Armut, S. 126.

（38） フィンツェンツ協会については、Ewald Frie, Katholische Wohlfahrtskultur im Wilhelminischen Reich: Der „Charitasverband für das Katholische Deutschland" und die Vinzenzvereine und der ‚Kommunale Sozialliberalismus', in: Jochen-Christoph Kaiser/Wilfried Loth (Hg.), Soziale Reform im Kaiserreich. Protestantismus, Katholizismus und Sozialpolitik, Kohlhammer, Stuttgart/Berlin/Köln 1997, S. 184-201. フィンツェンツ協会とは、聖ヴァンサン・ド・ポール（一五八一—一六六〇）にちなんで結成されたカトリック系慈善団体のドイツにおける名称。トーマス・ニッパーダイ（河野眞訳・解説）「一八世紀末から一九世紀前半のドイツにおける社会構造としての組合」『文明21』四三号、二〇一九年、一〇九—一六六頁、ここでは一六〇頁。

（39） Frie, Katholische Wohlfahrtskultur im Wilhelminischen Reich, S. 192-193.

（40） Hiramatsu, Bürger im Spiegelbild der Armut, S. 156-159.

投入される公的救貧事業は「ささやかで目立たない」民間の慈善活動を圧迫する存在でもあった。そしてそれ以上に、宗教的動機にもとづく慈善活動が貧者に及ぼす道徳的影響力をそぐものとして、警戒されてもいた。(41)一八八〇年代に、自治体社会リベラル主義がカトリック保守派に対し最終的な勝利をおさめると、協会側には敵対的な言動も目立つようになった。

「(救貧事業の重要性は：引用者)人々に宗教的義務を果たすよう教育し、その道徳心を高めることにもある。(公的救貧事業では：引用者)義務に従い礼拝に参加することなどを条件にしている。こうした目的を達成するためには、困窮者に対して次のようにいわなくてはならない。公的救貧事業からはわずかばかりの額しか得ることができないが、私たちならもっとたくさん与えますよ、と(42)」。

ケルン在住の有力な協会員によるこの発言には、公的救貧事業に対する苛立ちと批判、そして、自らの活動に対する強い自負心がうかがえる。救貧事業の現場では、貧者の宗教心や道徳心の涵養が未だ重要な意味を有している状況を指摘したうえで、にもかかわらず、公的制度では援助が少なすぎて生活支援としても不十分なうえに、宗教的な目的も達成することができていないではないか。私たちの活動なら、その両方を達成することができるのだ、と。このような強硬路線は、当然、自治体当局からの強い反発を招くことにもなった。両者の対立を仲介しようとする努力や、ローマ教皇が社会問題解決にあたり国家の積極的な役割を認める立場へと舵を切ったことなどもあり、最終的には公的救貧事業とは距離を保ちつつ、その枠組みのなかで、カトリック的なカリタス理念の実現を目指す方向が主流となっていった。そして、この方向性の先に、国家とカトリック教会との協働により成立をみたドイツ福祉国家の姿が立ち現れてくることになる。(43)

ここではこの問題にはこれ以上立ち入らず、次に節を改めて、ケルンと並ぶ有力なカトリック都市アーヘンでの事例を紹介し、これまでの考察をもう一歩先に進めていくことにしよう。

二　アーヘンにおけるキリスト教社会事業

プロト工業化と「社会問題」

アーヘンは神聖ローマ帝国の始祖といわれるカール大帝ゆかりの古都であり、歴代ドイツ王の戴冠式が行われていた大聖堂でも有名である。ケルンと並び歴史ある有力なカトリック都市であると同時に[44]、中世以来、毛織物

---

(41) Frie, Katholische Wohlfahrtskultur im Wilhelminischen Reich, S. 194.

(42) Ebd., S. 197.

(43) この流れを国家の視点から見た場合、国家や自治体が強力に社会事業に介入した背景となり、またそれを促進したある傾向が指摘されている。その傾向とは、福祉国家に属する人々を異なる権利を与えられた二つの集団に分け、「民族共同体」に統合可能で利用可能な人間からなる一方の集団にのみ、国家にその保護と再社会化の責任を認めるというものである。もう一方は「民族共同体」にとって使い道のない、継続的な保護が必要で費用がかかるだけの人間の集団である。国家はそのような集団を民間の福祉サービス提供者に、なかでも「同情イデオロギー」に成り下がった宗教的動機につけ込んで、優先的に「恩着せがましく」教会に押しつけた、というものである。Jochen-Christoph Kaiser, Protestantismus und Sozialpolitik. Der Ertrag der 1890er Jahre, in: ders./Loth, Soziale Reform im Kaiserreich, S. 94-113. 特にS. 108.

(44) 一八四九年、ケルンでは人口のおよそ九〇パーセント、アーヘンでは九五パーセントがカトリックであった。Jürgen Herres, Städtische Gesellschaft und katholische Vereine im Rheinland 1840-1870, Klartext Verlag, Essen 1996, S. 46, Tabelle 1. 当時ライン地域の人口一万人を超える都市のなかで、アーヘンは二番目にカトリック比率の高い都市であった。五万人以上の都市では、アーヘンが一番、ケルンが二番であった。ちなみにエルバーフェルト制度で著名なエルバーフェルトはアーヘンと同程度の人口で、カトリックはおよそ二五パーセントであった。当時のアーヘンの社会経済状況については、平松「「ふさわしい貧者／ふさわしくない貧者」の概念史」四二—四三頁を参照。

生産で栄えてきた商業都市でもあった。ベルギーやオランダに隣接していることもあり、ライン地域では最も早く産業革命と工業化の波を受け、一八世紀末までには主として繊維部門でプロト工業化が進展した(45)。一九世紀に入るとさらなる産業化の進展により、市の人口が急激な増加を見せ始めるが、人口増の大多数を占めた都市下層に属する人々（使用人や下僕、非熟練労働者、見習い職人、徒弟、日雇い労働者、工場労働者）の賃金水準は低く、劣悪で不衛生な住環境も加わり、どうにかこうにかその日一日の命を繋いでいくという生活であった。一九世紀前半の大衆貧困状況は、恒常的な「社会問題」ともいえる状態となり、一八二〇年から一八四〇年代には、住民のおよそ二割が常に何らかの公的援助を必要としていた。不況や不作による危機の年には、その割合は五割近くに達することもあった。一九世紀半ばにいたっても、未だ住民の五分の一程度が最低生活限度かそれ以下の生活を余儀なくされていたとされている(46)。

ただカリタスのみ――H・ハーンとキリスト教社会事業

ここで注目すべきは、こうした「社会問題」への対応を主導し中心的な役割を担ったのが、カトリック市民による宗教的動機に導かれた市民的なイニシアチブであったことである。そうしたイニシアチブの背景には、救貧や「社会問題」への対応で主導的な役割を果たすべき存在は国家ではなく、まして国家が自らに優先的、中心的な役割を認め、あまつさえそれを要求することは、むしろ弊害しかもたらさないという理解があった。

「救貧事業における教会と国家との関係に戻ると、かつて国家は教会の原初期からつい最近まで、救貧事業の全体を教会と教会に根を持つキリストの愛の営みに全幅の信頼を寄せて、何らの統制もせずに委ねてきた……そこでは、貧者は見捨てられることなく、貧困が増えることもなく、また国家の負担になることもなかった。しかし最近では、国家自らがすべてを監視し統制しようとし、教会にはこれまでのような無条件な信頼がもはや寄せられなくなった。むしろ国家は救貧事業全体を引き裂き、そこでの教会の働きを取るに足りない程度にまで引きずり落とした。救貧事業を自らの指揮監督下で実施させ、注意深く統制する権利を要求し、それを手に入れたことで、確かに世俗権力は自らの利益のためだけでなく、貧者の利益のためにも行動していると信じているのだろう。しかし、その後も貧者の状況は決して改善していない。自治体はそのことで、非常に重要な、しかし、いってよければ、簡単におろせない重荷を背負った。貧困は何十年も経たないうちに、かの恐るべき大衆貧困へといたり、国家そのものへの脅威となり、国家は窮地に陥った[47]」。

これは救貧医、市議会議員、そしてプロイセン議会議員として活躍し、かつ信仰あついカトリック信徒として慈善事業や伝道活動にも大きな足跡を残したハインリヒ・ハーン（Heinrich Hahn, 一八〇〇—一八八二[48]）の発言である。アーヘンの裕福な亜麻布商人の家に生まれたハーンは、産業化に対しては基本的には肯定的な立場をとっており、それは一九世紀前半のブルジョワやインテリ市民層の立場とも共通するものであった。その意味では、一九世紀後半に主流となる教皇至上主義路線とは、まだ一線を画していたといえるだろう。そのようなハーンの目に映った工場労働者は、物質的な欠乏に加えて、それ以上に道徳的な欠乏によって困苦の極みにあった。

(45) Ebd., S. 43.
(46) Ebd., S. 90-91.
(47) Heinrich Hahn, Die christliche Liebe in der katholischen Kirche, hrsg. von Johannes Bündgens/Arnd Küppers, Ferdinand Schöningh, Paderborn 2014, S. 116-117.
(48) 二〇一五年には教皇フランシスコから、列聖・列福の前段階として「尊者」に認められた。ハーンの貧者・救貧観については、平松「「ふさわしい貧者／ふさわしくない貧者」の概念史」四三—四七頁参照。本章の問題設定に深く関連しているため、本節にも一部重複する引用や記述を含んでいる。

「きわめて重要で、そういってよいなら、今日の国家社会にとって必要不可欠な要素となった工場制度に対して、激しく不当な批判をすることは我々の意図ではない。しかし一方で、親方の職人に対するかつての美しくかつ真なるキリスト的な関係が、工場には再び見いだせないのもまた明白である……工場にはたいていは数百人の労働者が働いているのであるから、工場主に対して、工場以外の場所で労働者の物質的、道徳的幸福について細部にわたり面倒を見るように要求するのは無理なことである(49)」。

そのような工場労働者の生活は、救貧医として日常的に生活困窮者と接する機会のあったハーンにとって、あまりにも悲惨なものであった。

「工場労働者の生活は否応なく極めて悲惨である。幼少期から年老いて働けなくなるまで、不健康な工場で機械に囲まれた毎日を過ごし、夜は夜でさらに不健康な住居で一晩を明かすか、工場の稼働を止めないために日常的に夜勤につく。機械のようにいつも同じ作業の繰り返しで、全体の工程を習得することは決してない。よりよい生活への展望が開けることはなく、独立もできない。体力があれば相応に実入りも増えるが、すぐに消耗し、そもそも滋養に満ちた健康的な食料を手に入れるだけの体力がない。働くためには健康を害する火酒が欠かせない。早婚だが家族を養えるわけもないので、妻も遅からず工場で働くようになる。子供はグレて不良に育ち、早死にするか困窮のなかで成長し、雀の涙ほどの賃金を得るために工場で働き口を探す。工場労働者は年老いるのも早く、老後は自治体からお情け程度の援助を受けられれば御の字だ。このように悲惨な生活を送らざるを得ない工場労働者の数は今では何千にもなる。こうした悲惨な状況を改善する方法は今のところ見つかっていない(50)」。

誇りあるアーヘン市民かつ忠実なカトリック信徒でもあったハーンにとって、救貧事業の中心にはあくまでもカリタスによる隣人愛の営みがなければならなかった。そして、その器としては、教会と教会に根を持つ自主的で自由なアソシエーションが最もふさわしいものであった。そのうえで、困窮者に支援の手を差し伸べることは、カトリック市民、とりわけ裕福なカトリック市民への宗教上の要請でもあった。先の引用のなかでハーンは、工場労働者の悲惨な生活状況に対し「こうした悲惨な状況を改善する方法は今のところ見つかっていない」と悲観的な認識を示していたが、その本意を探るために、やや長くなるがハーン自身がフィンツェンツ協会の活動の意義について語った箇所を引用してみよう。

「協会は多くの裕福な階級の人々からなり、貧しい人々の住居を訪問し、物質的な施しを与える際には、常に精神的な慰め、キリスト教的な助言、そしてそれが必要で役に立つ場合には、キリストの教えも与えることが協会員の義務とされている。協会の偉大な働きは、裕福な人々と貧しい人々を、善きやり方で互いに直接的に触れ合わせることにある。普通の生活を送っている限りは当たり前にある嫌悪感から、裕福な人々は貧しい人々の住居から遠ざかり、商売や官能的な享楽に夢中となり、人間的な不幸の大きさと多様性からあまりに容易に目をそらすが、もはやこれ以上思い違いをすることはできない。キリストの愛に駆り立てられ、当然にあった嫌悪感を乗り越え、不潔な住居の敷居をまたいだのだ。今や自らの目で寄る辺なく見捨てられた老人、飢えて途方に暮れた寡婦、腐った藁床の上にみすぼらしく寝かされた病人、大声であてもなくパンをねだる、青ざめてやつれ果てた姿の腹を空かした子供たち……このような光景を目の当たりにしたとき、どのような感情にとらえられるだろうか。肉欲にひたらせ、ぜいたくをほしいままにさせるために富は

(49) Hahn, Die christliche Liebe in der katholischen Kirche, S. 224.
(50) Ebd.

あるのではない、という確信に至らせるだろうか。かように甚だしい困窮を取り除くために、すべてを差し出そうという思いに駆られるだろうか。そして、たとえそれがわずかしか果たせなかったとしても、もしそれが協会の規則に定められているように、物質的な施しにあわせて、適切で精神的な慈善の働きをなすことについに力を尽くしたのであれば、なんとも心静まる、なんともいえぬ幸福感を抱くだろうか。貧しい人々の住居に足を踏み入れたときよりも、その場を立ち去るときには、より好ましく、ずっと幸福であろう。

貧しい人々にとっては、裕福な同胞から思いやりのある訪問を受けることそれ自体がすでに励ましであり、大きな慰めである。お互いの接触とそれに伴う善き行いが増えれば増えるほど、あまりにしばしば貧しい人々の心をただかきむしるだけの邪悪な激情は消え去る。妬みと嫌悪は次第に愛と感謝の気持ちにその場を明け渡す。貧しい人々の友人であるキリスト者が差し迫った窮状の助けとなれば、貧しい人々の住居には以前よりもずっと秩序と清潔さが取り戻される。蒸留酒の飲酒をあきらめ、ふしだらさ、粗暴さ、あるいはそのほかの悪しき習慣もやめるだろう。以前よりも祈りと宗教的つとめに励むであろう。おお、さすれば平和と真実の幸福が豊かな人々の住居同様貧しい人々の住居にも戻ってくる。そして天国は二重の勝利を祝福するのだ」(51)。

前節では、フィンツェンツ協会がカトリックの民間慈善団体として、一九世紀から二〇世紀にかけて最大ともいえる成功例となったことを紹介した。そして、その理由として、ひとつにはあつい信仰的動機に導かれた俗人による隣人愛の営みに支えられていたこと、ふたつには地域のカトリック・ミリューを土台に組織されたボランタリー・アソシエーションが全国的にネットワーク化されたことで、地域で協会が担う活動にイノベーションがもたらされたことを挙げた。ただハーンにとって決定的に重要だったのは、あくまでも協会員自らが困窮した家庭を親しく訪問し、ひとりのキリスト者、一人の友として、支援を必要としている同胞に必要な支援を与えることだった。[52]フィンツェンツ協会は様々な社会事業にその活動の範囲を広げていたが、あくまでもその中心には、そうした協会員一人ひとりによる教会に根付いたカリタスの営みがあった。だからこそ現在「カトリック教会は……貧しい人々と裕福な人々との間に開いた溝を埋めることに成功」しているのである。その根拠となったのは、カリタスが十全な形で自由に、そして自律的に展開されたその先にこそ、はじめて社会的弊害が克服された調和ある社会が展望できるというハーンの確信であった。

おわりに

カトリック、プロテスタントともに近代化と世俗化の時流に適応し、あるいは抗いつつ、教会と個人との結びつきが弱体化し、公式教義と個人的信条との乖離が進むなかにあって、近代的な社会的紐帯原理であるボランタリー・アソシエーションの形をとることで積極的に社会と関わり、宗教的再活性化と再宗派化（社会の再キリスト教化）を目指す運動を展開したのが一九世紀であったといえよう。信仰にもとづく慈善活動は、都市自治体からは社会事業を合理化し、計画的に進めていくうえで阻害要因とみなされることも少なくなかった。一八九〇年以降自治体行政による住民への社会給付サービスが拡大し（給付行政）[53]、従来は民間が担っていた分野（特に児童保護や予防医療などの保健衛生分野）でも、官と民（公私）が協働するための調整の必要性がますます高まってい

（51） Ebd., S. 221-222.
（52） エルバーフェルト制度でも「人から人への支援」という原則は中心的位置を占めていたが、ハーンの見解との比較においては、前者では市民としての責任と義務にもとづく社会的行為であること、後者ではキリスト者としての責任と義務にもとづく社会的行為であることに、両者の間にある決定的な差異が認められよう。エルバーフェルト制度について日本語では加来祥男の一連の研究を参照。
（53） 馬場哲『ドイツ都市計画の社会経済史』東京大学出版会、二〇一六年。

った。[54] 例えば、一八八〇年には市や救貧行政の当局者、学者や官僚らによって「ドイツ救貧・慈善事業協会」が設立され、公的救貧と民間社会事業の関係をめぐる議論を全国レベルで主導し、大都市を中心に公私の協働システムが試行錯誤されていった。そこでは、公的救貧事業が最後のセーフティーネットとしての救貧から、「防貧」を主眼とした、いわゆる「社会的扶助」という形態に拡大されていく一方、民間には非官僚的でフレキシブルな特徴を生かし、補完的役割に加えて、先進的で革新的な試みによって社会事業の推進力となる期待がよせられた。民間事業の組織化、系列化が地域レベルでも全国レベルでも飛躍的に進展した。地域レベルでは、従来は相互に独立し無計画な乱立状態であることも珍しくなかった地域の民間団体による救貧・慈善活動を、計画的、効率的な事業に転換するため、地域で調整の中心となる機関（センター）を自発的に設立していく動きが広がった。全国レベルでは、こうした地域を超えたネットワークを整備し、社会事業を学問化、専門化、総合化していく流れが主流となった。行政や学者を中心とした組織の例としては、一八七三年設立の「社会政策学会」や先に挙げた「ドイツ救貧・慈善事業協会」、また宗教系団体としては一八九七年に設立された「ドイツカトリック・カリタス連盟」や一八九六年に設立されたプロテスタントによる「国民社会協会」などが挙げられる。[55]

こうしたなか、一八九一年五月一五日、教皇レオ一三世により回勅『レールム・ノウァールム（新しいこと）』が出された。それには「資本と労働の権利と義務」という表題がつけられていた。教皇ピウス九世による回勅『クワンタ・クラ』とそれに付された「誤謬表」、そして、第一バチカン公会議からおよそ四半世紀ののちに出された、この「革命、政変」をも意味する回勅は、カトリック教会の近代認識とその後の国家との関係にとって一大転換点となるものであった。それまでドイツ帝国内の少数派であったカトリック教会は、プロイセン的なプロテスタント国家によるヘゲモニー（文化闘争）、社会民主主義による階級闘争、そして市場自由主義による個人主義という三方面からの挑戦に対する回答の一つとして、隣人愛にもとづく慈善事業や社会運動を通じて、カトリック民衆を包括的に再組織する大衆動員（社会カトリシズム）を展開してきたのだが、この回勅は公的な社会政策と社会カトリシズムの関係においても、のちの社会国家成立へといたる道を開く画期となるものであった。[56]回勅は身分制社会を乗り越えるものとして、近代産業社会を認め、カトリック教会に「労働者問題」としての社会問題に取り組むことを指示する一方で、国家に対しては、社会化された市場の本質的前提をなすものとして、適正な賃金と労働者の団結の自由を保障し、社会保険立法を進めることをその義務として求めた。民衆に対しては、ビスマルク的福祉国家への参画を促す一方で、国家が教会の自律と自助の領域に干渉することに対しては、補完性原理を盾にあくまでも拒否する姿勢を貫いた。

一九世紀前半の産業化と近代化の黎明期、都市において深刻な社会的政治的危機をもたらした大衆貧困現象は「社会問題」として認識されたが、キリスト教会はカトリックあるいはプロテスタントを問わず、ともにその根本的原因を神学的、聖書的意味での人間の罪の結果と理解した。カトリック教会にあっては、それがカリタス、隣人愛にもとづく慈善活動の根拠となり、堕落した民衆を再宗教化することに、社会問題解決の糸口が見いだされた。同時にそれは、カリタス、隣人愛の対象となるに値する貧者と値しない貧者とを区別する根拠にもなりうる危険性をはらむものでもあった。[57]さらに一八七〇年代以降は、ドイツでも産業化、工業化が本格的に展開し、

---

(54) Christoph Sachße/Florian Tennstedt, Geschichte der Armenfürsorge in Deutschland. Band 2. Fürsorge und Wohlfahrtspflege 1871 bis 1929, Kohlhammer, Stuttgart/Berlin/Köln/Mainz 1988. 特に S. 25-45.

(55) 中野智世「福祉国家を支える民間ボランタリズム――二〇世紀初頭ドイツを例として」高田・中野『福祉』一九七―二三六頁。特に二〇九―二一一頁。

(56) Gabriel et. al., Religion und Wohlfahrtsstaatlichkeit in Europa, S. 113-114.

(57) カトリックには、貧者と富者との間に施し／施される社会的義務関係としての互恵関係（Heilökonomischer Tausch）の伝統が中世以来長く存続していたため、値する／値しない貧者という区別は、歴史的に見てプロテスタントほど中心的な価値を持たなかったとされる。Stefan Leibold, Vom Almosenspenden zu Partnern im Sozialstaat. Katholische Armutsdiskurse und die Bedeutung des Sozialstaats vom Kaiserreich bis heute, in: Gabriel/Reuter, Religion und Wohlfahrtsstaatlichkeit in Deutschland, S. 167-195.

これまでにない新たな社会経済的状況下における社会的困窮状態への対応は、キリスト教社会事業にも旧来とは異なる取り組みを迫るものでもあった。カトリック教会では、一九世紀半ばに司教フォン・ケテラーが「労働者問題」解決へ向けた取り組みに先鞭をつけていたとはいえ、それから教皇レオ一三世による社会回勅が出されるまでには、なお半世紀近くの時が必要であった。その間、カトリックにおいても、信徒を中心とした協会活動の展開を全国組織化し、慈善事業の科学化、専門職化を推し進めていく流れが主流となったが、本章でとりあげたフィンツェンツ協会やハーンは、むしろ自由なカリタスの働きをより一層推し進めることで、新しい社会経済的状況下での困難を乗り越えようとしたことで一貫していた。そこには、キリスト教的規範にもとづいた社会のみが、社会問題や貧困、そして、健康衛生上の逸脱といった社会的弊害を克服することができ、キリスト者としての責任からなされる社会的行為のみが真の人間性であり、それのみが、キリスト教的世界観が支配する社会において意味ある人生を送ることを可能にするという確信があった。こうした信念に依拠したキリスト教社会事業は、合理性、科学性、専門性、あるいは平等性といった原理にもとづく公的社会事業とは、ローマ教皇の社会回勅を経た後にあっても、時に鋭い緊張関係を生み出すことは避けられなかった。しかし、キリスト教社会事業を実践するなかで、信仰と社会との間で直面した苦悩との格闘を通じて蓄積された経験と記憶は、直接的にドイツ福祉国家の方向性を決定づけるような影響を与えたとまではいえなくとも、ドイツ福祉国家の深層文法（Tiefengrammatik）として、[58] 過去、現在、そして未来へと続くその歴史的展開のありうべき道筋を、今なお深部から照らし出し続けているのである。

＊本章は、文部科学省科学研究費助成事業基盤研究（C）［課題番号18K01022］による研究成果の一部である。

（58） Franz-Xaver Kaufmann, Sozialstaat als Kultur. Soziologische Analysen II, Springer VS, Wiesbaden 2015.

第三章　一九世紀中盤〜二〇世紀初頭英米の慈善事業とキリスト教
――ジョージ・ミュラーとジェーン・アダムズの比較思想史

木原活信

はじめに

本論では、一九世紀中盤〜二〇世紀初頭の世紀転換期の英米の社会福祉（社会事業）における福祉ボランタリズムの源流について議論していく。特に、今日の慈善（社会福祉の源流）とキリスト教の関係性を論点としたい。その際、その膨大な歴史全体を議論することはできないので、その代表格でもある二人の人物に焦点をあてて、福祉思想史的な脈絡で比較を試みたい。二人とは一九世紀にイギリスで孤児事業を実践したドイツ人のジョージ・ミュラー（George Müller, 一八〇五―一八九八）と一九世紀末から二〇世紀初頭にかけてアメリカのセツルメント運動を推進したジェーン・アダムズ（Jane Addams, 一八六〇―一九三五）である。ただし、本論では福祉事業の内容そのものではなく、福祉事業への動機づけといった内面的価値観やキリスト教との関係のみに焦点をあてる。議論の対象時期は、事業の全体像ではなく、それぞれの黎明期に絞りたい。

この両者のキリスト教の捉え方は対照的であるが、その思想を分析する際に、論点としてキリスト教の世俗化をどう捉えたか、実践思想への教派性の影響、国家（権力）との距離、そして福祉事業における信仰ゆえの苦悩や葛藤に絞って議論していく。必ずしも直接関係のない異国の二人を対照とする理由は、同じ福祉を志してはいるがキリスト教信仰の位置づけにおいて二人が対照的であり、それを取り上げることによって、社会福祉とキリスト教の関係性が鮮明になると考えられたからである。

一　ジョージ・ミュラーの場合

一―一　ミュラー略伝

イギリスのブリストル郊外のアシュリー・ダウン（Ashley Down）に孤児院を創設したプロシア出身のプリマス・ブラザレン系の伝道者のジョージ・ミュラーは、一九世紀の福祉ボランタリズムの典型的な立役者の一人であり、またキリスト教慈善（charity）の代表的人物である。以下では、ミュラーの孤児事業の中身や、その偉人伝として伝えられた事業と生涯ではなく、彼のキリスト教との関係、世俗化との関係、国家との関係、信仰ゆえの葛藤などに絞って議論していきたい。

ところで、ミュラーについては、これまで信仰者の模範、孤児院創設の先駆者、など一連の伝記として多く紹介されてきたが、そのほとんどが「孤児の父」「信仰の人」としての偉人伝の扱いであり、学術的な研究は少ない。筆者は、ここ数年、これらを脱構築すべく、アカデミックな俎上にのせて、ミュラーを研究対象として研究してきた。(1) そこでも明らかにした通り、山室軍平、石井十次へ及ぼした影響など単に「偉人」としてでは済まされない重大な影響を日本の福祉史にも及ぼしており、思想史的な詳細な検証が求められる。

まず、ミュラーの概略を確認しておきたい。ジョージ・ミュラーは、プロシア（ドイツ）のクロッペンシュタット（Kroppenstaedt）に一八〇五年、国税局の役人であった父（Johann Friedrich Müller）と母（Sophie Eleonore Müller）のもとに生まれた。聖職者になるべくハレ大学で学んだが、「放蕩」な青少年時代を送っていた。その学

岐阜キリスト教史　日本伝道覚書

水垣　清 ✣著　日本基督改革派教会牧師（1906-88）
金城学院大学キリスト教文化研究所 ✣監修

仏教の盛んな岐阜の農山村に、キリスト教はどのように伝えられたのか？

濃尾大震災、神社参拝問題、戦時下の幾多の困難にもかかわらず、教派を超えて牧師・宣教師・信徒たちがつないだ、熱意と愛の伝道の記録。

●定価4,290円　7月刊行

ユダヤ教の祈り　祈禱文と解説

吉見崇一 ✣編訳　元エルサレムガイド業、旅行業

ユダヤ教では、何を、どう祈っているのか

世界各地で生まれ、伝承されてきた、100を超える多様な祈禱文を紹介。家庭や会堂の礼拝で唱えられる、神への感謝と賛美と願いのことば。

市川　裕氏（東京大学名誉教授）推薦！　●定価2,860円　6月刊行

生きるユダヤ教　カタチにならないものの強さ

好評発売中！

勝又悦子／勝又直也 ✣著　●定価2,750円　2016年刊行

歴史の中で幾度も存亡の機を乗り越えてきたユダヤ人。彼らを支えたユダヤの教えや発想法から、この世を力強く生き抜く知恵を体得する！　奥深いユダヤ教の諸相を学ぶ入門書。

本のご注文は、お近くの書店にお申し付けください。
小社に直接ご注文の場合には、e-shop教文館（https://shop-kyobunkwan.com/）
キリスト教書部（Tel: 03-3561-8448）へどうぞ。　●価格は10%税込表示《呈・図書目録

配給元：日キ販

ターの恩恵論と「十字架の神学」

レティン・ルターの神学的挑戦

藤英幸 ✣著　東京基督教大学准教授

コテスタント神学の源流を解明

教改革の神学的端緒は、信仰義認の再発見に見いだされ
このルターの神学的突破を歴史的背景から把握し、隠れ
る神を説く「十字架の神学」へと至る神学的展開を解明す
考察。

●定価4,620円　5月刊行

書・改革教会の神学 2

災禍において改革された教会

の祈りと告白、実践の歴史と現在

カルヴァン・改革派神学研究所 ✣編

新しい時代へ、開かれていく教会！

「たえず神の御言葉によって改革される」教会は、直面する危機にどう応えるか？　歴史的災禍の経験に学び、世俗化・多様化が進む世界で未来を探る。多彩な講師によるリレー講座の講演・対談を収録。

●定価3,960円　7月刊行

ソジスト入門　ウェスレーから現代まで

. J. エイブラハム ✣著　ウェスレー研究者（1947-2021）

納和寛／赤松真希 ✣訳

西学院大学教授／日本基督教団牧師

新しいペンテコステ」の現在地がここに！

リスト者の完全、聖化、個人と社会の聖性……18 世紀英国に
けるウェスレー兄弟の霊的覚醒に始まり、ホーリネス運動や
ンテコステ派にも繋がった一大教派の信仰と実践とは？
ソジスト派の実態をまるごと解説。

●定価2,640円　8月刊行

改革教会の信条と展開

袴田康裕 ✣著　日本キリスト改革派神港教会牧師

すべての日本の教会に重要な論文・講演6篇

現代日本において信条教会を形成する可能性と意義はどこにあるのか？　ウェストミンスター信仰告白の「結婚と離婚」や「合法的戦争」といった現代的課題までをわかりやすく解説。

●定価2,860円　7月刊

義認の福音　エキュメニズムを目指す神学的研

E. ユンゲル ✣著　ドイツの神学者（1934-2021）
佐々木勝彦 ✣訳　東北学院大学名誉教授

教会分裂は本当に克服されるのか？

『義認の教理に関する共同声明』（1999年）は本当に「教会の分を克服するための決定的な一歩」なのか？　「義認論」を学ぶたの最良の手引き！

●定価5,390円　5月刊

主の来臨を待ち望む教会

Iテサロニケ書論集

焼山満里子 ✣著　国際基督教大学准教授

パウロの来臨理解の真相に迫る

従来、キリスト来臨の「遅延」が問題とされてきたIテサロニケ書の真意とは何か。終末論に支えられたパウロ神学の全貌を明らかにする、画期的論文集！

●定価2,750円　5月刊

古代イスラエル史　「ミニマリズム論争」の後　最新の時代史

B. U. シッパー ✣著　ベルリン・フンボルト大学神学部長
山我哲雄 ✣訳　北星学園大学名誉教授

一神教と無縁のユダヤ教があった？

旧約聖書の史料的価値を争った「ミニマリズム論争」と、最の考古学研究を経て激変した、真の「イスラエル」像を知る好の入門書。

●定価2,310円　6月刊

生時代に、彼に言わせれば、劇的に「回心」したという。ドイツの敬虔主義の影響を受けて「本当の信仰」を知り、「新生」したというのである。その後、宣教師としてイギリスへ渡るが、そこで当時イギリス国教会の聖職者たちの間ではじまっていた信仰復興運動の一つであるブラザレン運動に遭遇し、その影響でやがて「職業牧師」を返上して、独立した伝道者として歩むことになる。その後、一八九八年に九三歳で亡くなるまで、福音宣教と孤児院事業に尽力するなど「信仰の生涯」を送ったことで「伝説的」な人物として知られている。特に、彼が創設したブリストルの孤児院では、のべ一万〇〇二四人の孤児を、国家、裕福な篤志家にたよらず、ただ神に頼り、信仰によって支えた「奇跡」的事業であったとされている(2)。一ペンスにいたるまでその金額を正確に記した「事業報告書」(3)によると、彼が生前に得た献金総額は約 £1,500,000（現在価格では £86,000,000＝一二九億円）という高額であったこともさることながら、そのすべてがキリスト者からの自発的献金によるものであり、匿名

(1) ミュラーに関する筆者の一連の研究は以下の通りである。木原活信「同志社のアイロニー——山室軍平の中途退学」『新島研究』（一九九三）第八二号：木原活信「ジョージ・ミュラーが石井十次に及ぼした影響」同志社大学人文科学研究所編『石井十次の研究』（同朋出版、一九九九）：木原活信「ジョージ・ミュラーの思想形成におけるフランケの敬虔主義の影響について」『評論・社会科学』一二七号（二〇一八）：木原活信「英国初期ブラザレン運動とジョージ・ミュラー——その分裂と挫折が福祉実践思想形成に及ぼした影響をめぐって」『キリスト教社会問題研究』六八号（二〇一九）：木原活信「ジョージ・ミュラーの来日をめぐる日本のキリスト教界の反応と社会福祉史への影響」『キリスト教社会問題研究』六九号（二〇二〇）：木原活信『ジョージ・ミュラーの青年時代の迷走と回心——孤児院創設に至る軌跡（一八〇五—一八三五）』『評論・社会科学』一三七号（二〇二一）。これらを体系的にまとめたものが、以下の書籍である。木原活信「ジョージ・ミュラーとキリスト教社会福祉の源泉——「天助」の思想と日本への影響』（教文館、二〇二三）。なお、本稿は、本書執筆前に執筆されたが、ミュラーに関する詳細は本書を参照されたい。

(2) Pierson, Arthur Tappan *George Müller of Bristol: His Life of Prayer and Faith.* London: Pickering and Inglis, (1899) 三〇一頁。なお、本章では、参照引用に際しては、復刻版：Kregel Publications,1999, U.S.A を使用している。訳書は、アーサー・T・ピアソン著、海老沢良雄訳『信仰に生き抜いた人　ジョージ・ミュラー その生涯と事業』（いのちのことば社、一九六四）。

であったなどというその方法も異色であり、極めてユニークであり、世俗の社会事業家とは隔絶している。

一―二　ミュラーの生きた時代背景

（一）産業革命による貧富の格差

ミュラーが活動した一九世紀のイギリスは、周知のように世界に先駆けて起こった産業革命により、社会構造、生活様式のすべてが一変し、貧富の差が歴然とするという資本主義の矛盾構造が露呈した時代であった。

ミュラーが活躍する港湾都市ブリストルへの人口流入は激しかった。ブリテン島の全体の人口は、一八〇〇年頃には一〇五〇万人、一九〇〇年頃には三七〇〇万（現在六〇〇〇万）人となった。[4] ブリストルは、「橋のある場所」を意味し、一八世紀までは商業港として栄え、ロンドンに次いで栄えた大都市であった。特に奴隷貿易で栄えたこともその発展の要因であった。人口も一七〇〇年には二万人であったが、一八〇一年には六万八〇〇〇人に急増した。しかし一九世紀初頭に奴隷貿易自体が法律で禁止されたことにより、ブリストルはかつての繁栄を失った。産業革命の進展により、新たに工業都市として台頭したマンチェスター、リヴァプールなどの新興都市にその座を奪われることになった。[5]

このように一九世紀のイギリスは、経済規模では最も豊かな国となった一方で、出稼ぎの工場労働者の生活は悲惨であった。一八四八年にカール・マルクス（Karl Marx, 一八一八―一八八三）とフリードリヒ・エンゲルス（Friedrich Engels, 一八二〇―一八九五）が『共産党宣言』（*Manifest der Kommunistischen Partei*）を刊行したが、これは政治的イデオロギーの表明というより、当時の貧困者の置かれた状況をリアルに描写し、ヴィクトリア期の都市における貧苦に喘ぐ労働者の生活状態を実証的に赤裸々に描いたといえる。児童労働は深刻で、貧しい家庭では五、六歳でも工場において働くことは珍しいことではなかった。児童たちが二〇時間以上も働かされたというケースもあった。それは工場労働だけでなく、「煙突小僧」（chimney kid）など、家庭の煙突の清掃に小さな子供たちが使われ、衛生環境を無視した労働者として期待される教育環境など劣悪そのものであった。

（二）救貧法の改正（一八三四）

一八三四年救貧法が改正（＝新救貧法（New Poor Law Amendment Act））されたが、これは、一六〇一年までに確立されていたエリザベス救貧法（旧救貧法　43 Elizabeth）が改正されたものである。[6]世界最初の国家による公的扶助の法体系としての「救貧法」とは名ばかりで、実際は「貧民法」に過ぎない。とはいえ、異論もあるが歴史上は世界最初の国家的貧困対策であった。

一八三四年の救貧法改正により、これまでのワークハウス、矯正院、貧民院は、ワークハウス一つに事実上集約された。[7]その特徴は、①救済水準の全国統一（the principle of national uniformity）、②労役場（work house）収容の徹底化、③劣等処遇の原則（the principle of less-eligibility）であった。「改正」と言っても、実際は「自助」を軸に、貧困であることを個人の道徳欠如や怠惰の問題として扱い、「労働能力のある貧民が救済申請をなるべくしないようにワークハウスに収容することにした」[8]というのが趣旨であった。これによってワークハウスが、あたかも

（3）Müller, George *A Narrative of Some of the Lord's Dealings with George Müller written by himself*. Volume I, London: Dryden Press. (1837). =（reprint 復刻）2006 Hamburg: Tredition（＝一八九五年第九版を元に復刻）.; Pierson, 1899, op. cit.

（4）金澤周作『チャリティの帝国』（岩波書店、二〇二一）四三頁。

（5）金澤前掲書 六七―七〇頁。

（6）小山路男『イギリス救貧法史論』（日本評論新社、一九六二）一六頁。小山によると、エリザベス救貧法は一六〇一年に成立したということではなく、諸法の総称であり、一六〇一年に一定の確立をみたに過ぎず、その意味で一六〇一年というのは便宜上の年代である。実質上は、一五七二年法、あるいは一五七六年法が制定年とする。

（7）金子光一『社会福祉のあゆみ――社会福祉思想の軌跡』（有斐閣、二〇〇五）一六頁。

（8）Cootes, R. J. *The making of the welfare state*, Longman (1966) = クーツ著、星野政明訳『イギリス社会福祉発達史――福祉国家の形成』（風媒社、一九七七）三〇頁。

「監獄」か「刑務所」のような場所と化し、そこに身内にお世話になることを極力避ける雰囲気が醸成された。「一八三四年の改正救貧法は、イギリスにおいては、貧困は犯罪であることを宣言した」という政治家であり文学者でもあったディズレイリ（Benjamin Disraeli, 一八〇四―一八八一）の言葉は、実に象徴的である。[9] 結局、歴史学者の高島進が指摘したように「貧困・窮乏を個人の責任として、救済を自助の失敗に対する懲罰・みせしめとすることを意味した」[10] とされる通りであろう。

(三) 一九世紀の福祉ボランタリズム

当時の福祉の動向として注目すべきは、ＣＯＳ運動、セツルメント運動、救世軍などの活動である。これらは、後述の通り、後にアメリカに「輸入」されて、より体系的に発展し、後述するアダムズのセツルメント運動などに影響していく。

①ＣＯＳ運動

個々人や諸教会の慈善活動も盛んになり、やがて個々人の主観的な恣意的活動となっていった。しかし、援助する側の恣意的動機が、援助される側に漏救（本来は支援が必要な人が救済から漏れてしまうこと）・濫救（必要でない人までに救済が無秩序に過度に及ぶこと）を生み出すという皮肉な結果となっていた。先述したように産業革命以後、資本主義の矛盾構造が近代的な大量の貧困者を生じさせ、従来の個人の慈善事業では対応ができなくなってきたが、恣意的な慈善を組織化・合理化したのは、一八六九年にロンドンで慈善組織化協会（Charity Organization Society、以下ＣＯＳ）である。ロック（Charles Stewart Lock, 一八四九―一九二三）の指導の下で、要保護者の個別的訪問調査、ケース記録の集積、慈善団体の連絡・調整・協力が合理的になされていった。

②セツルメント運動

セツルメント運動（Settlement house movements）は知識人や裕福な人々などがスラム街へ入って貧困者と共に生活をして人格的接触・交流をするもので、持つ者と持たざる者の架け橋となった。一八八四年に世界最初のセツルメントとしてロンドンにトインビー・ホール（Toynbee Hall）が創設された。オックスフォード大学のアーノルド・トインビー（Arnold Toynbee, 一八五二―一八八三）が学生たちとスラム街で貧困者と生活を共にしたが、そのトインビーが亡くなったのを記念して、バーネット牧師夫妻（Samuel Barnett, 一八四四―一九一三およびHenrietta Barnett, 一八五一―一九三六）が設立した。初代館長にサミュエル・バーネット牧師が就任した。その特徴は「労働者階級を憐れむべきものではなく、社会改良推進の主役として歴史の主人と認めた」[11]と言われる通り、今日の利用者主体や尊厳のルーツともなった。後述するジェーン・アダムズのハル・ハウスはこれをシカゴで実践することになる。

③救世軍

近代のキリスト教福祉においてはジョン・ウェスレー（John Wesley, 一七〇三―一七九一）の牧会的実践と慈善への関与は大きい。ウェスレーは、メソジスト運動、信仰覚醒運動を主導し、今日にいたるメソジスト派、ホーリネス派、そして救世軍の流れの形成の源泉となった。彼の発想がその後の一九世紀の英国ボランタリズム形成の源流と起点となった。

このメソジスト派から出た救世軍の創設者ウイリアム・ブース（William Booth, 一八二九―一九一二）も、一八

（9） Cootes, ibid., 1966=1977: 31.
（10） 高島進『イギリス社会福祉発達史論』（ミネルヴァ書房、一九七九）一四三頁。
（11） 吉田久一、高島進『社会事業の歴史』（誠信書房、一九六四）一一三頁。

六五年にロンドンのスラム街において貧困者への伝道と救済を同一軸で活動をはじめたが、これが教会の宣教と福祉活動を合わせた大きな団体となっていき、一八七八年に救世軍と名称を変更した。

以上が、一九世紀の英国のボランタリズムであり、COS運動、セツルメント運動、救世軍などは、現代の社会福祉の直接の起源となるものであるが、ミュラーの孤児事業はこのような時代と重なる。

一―三　ミュラーとキリスト教

それでは、ジョージ・ミュラーにとってキリスト教はどう位置づけられるのか、そして特にそれと福祉事業との関連はどのようなものであったのかについて論じていきたい。結論から言えば、ミュラーにとってキリスト教は、彼の事業の動機の決定的要素であったと言ってもよい。事実、自らなした事業も、いわゆる当時の世俗の慈善事業ではなく、ただすべて神の栄光のための神による事業であったとの遺書が残されている。

「私がこの事業を経営するにあたっていだいている根本的な目的は、現在の一九世紀においても神は依然として生ける神であられ、何千年も昔と少しも変わらず今もその民の祈りに耳を傾け、ご自身にたよる者を助けられるということを、はっきりと人々に見せることである(12)」。

ミュラーの信仰とは、一九世紀の西洋のキリスト教が世俗化することを徹底的に否定し、それは更に既存の国教会などへも「生きた信仰」を失っていると一線を画した点に特徴がある。ハレ大学で神学を修めたミュラーはドイツ国教会の聖職者になるべく訓練していた際に、その動機自体が俗人的であったことを悔い改めて「回心」を経験し、「職業牧師」になることを辞して、イギリスで独立した形で宣教と福祉事業をすることになるが、そこにはドイツ敬虔主義と英国の初期ブラザレン運動の影響が濃厚である。

（二）フランケの敬虔主義

ミュラーの孤児院のモデルはハレ（Halle）という地域でのフランケ（August Hermann Francke, 一六六三―一七二七）の孤児院である。またミュラーの生涯にわたる信仰姿勢には、このフランケという人物の影響が大きい。敬虔主義のミュラーへの影響は、フランケとの関連からその思想形成の影響についてすでに議論しているのでそれを参照されたい。(13)

一七世紀末に宗教改革発祥の地ドイツは、その改革の息吹や新鮮味が失せ、ルター教会自体も世俗化してきていた。それを危惧して教会内におこったキリスト教の信仰復興運動、あるいはそのための改革運動が敬虔主義であった。当時のルター派の教会の形式主義・知識偏重主義に抵抗し、宗教改革の真髄「聖書中心主義」を再現（リバイバル）させつつ、更に内的な敬虔と実践を重んじたところにその特徴がある。猪刈由紀によると、「教義の純粋さに重きを置いて神学論争に終始しがちな神学者・聖職者と、義認に通じる信仰を内面的問題としてのみ考え、生き方の問題としてとらえない教会の在り方に対する、近世プロテスタントの変革運動」(14)という捉え方は、この運動の性質を的確に捉えている。

具体的には、制度的な教会とは別に自由な敬虔な信徒集会（collegia pietatis）、あるいは家庭的な小さな単位での「聖書集会」（聖書研究会）を各自がもつことが実際的な特徴であった。そして、敬虔主義の主導者であるフランケは、神学者、牧師、孤児の家の創設者、教育者などとされるが、主にヘブライ語の聖書解釈学の学者として大きな業績を残したハレ大学の教授でもあった。

（12）　Pierson, 1899＝1964, op. cit., p. 274.
（13）　木原（二〇一八）前掲書。
（14）　猪刈由紀「ハレ・フランケ財団（シュティフトゥンゲン）における救貧と教育――社会との距離・神との距離・積極性」『キリスト教史学』七〇号（二〇一六）九二頁。

学生時代に神学者シュペーナー（Philipp Jakob Spener, 一六三五―一七〇五）の感化を受けて回心（一六八七）を経験し、ルター派教会の世俗化と制度に懐疑を抱きはじめ、敬虔主義的キリスト教の精神に傾倒するようになる。このことが、主流派から圧迫される原因となり、彼は教会内部に位置しながらそれに耐えつつ生きてきた。後に支持者を得て聖書に基づく集会をハレの地で展開したことで、ハレが敬虔主義の中心となり、北アメリカ、南アフリカにまで広がりインドへも広がっていった。彼の功績は、敬虔主義に基づく生きた信仰による再生と、それに基づく聖書の読み方を促し、市民層に伝播させキリスト教界の内面的改革を行ったことにある。そしてミュラーにも影響を与えた貧民や孤児のためのフランケ学園（孤児院、学校、薬局など）を形成した。

自叙伝的「履歴書」には、特に劇的な回心の様子が詳細に伝えられているが、それから一世紀を経てハレという同じ場所でミュラーが同じような経験をする。フランケ同様に、ミュラーの生涯は、「回心」をめぐって転機がはっきりしている。

（二）ミュラーの回心と敬虔主義の影響

ミュラーの青少年時代は、自叙伝によると「悪」の限りを尽くした「不良」少年として生きてきたことが強調されている。少年時代には習慣的飲酒、窃盗も常習であった。一七歳（一八二一年）で、投獄・収監された経験もあるほどの「罪人」「悪人」であった少年時代を過ごしたと述懐している。[15]

回心は、先述したフランケも学んだハレ大学（Halle）神学部の在学中に起こった。ところが、そもそも彼がハレ大学神学部に入学したのはいわゆる信仰的召命からではなく、極めて「不純な動機」であったという。[16] というのが、当時のドイツでは尊敬され、安定した収入を得ることができる仕事の一つがドイツ国教会（ルター派）の牧師（聖職者）になることであり、ミュラーの職業観も同様で、特に牧師への召命観があったわけではなかった。したがって、彼は、父親に勧められるままにハレ大学神学部に入学し、「牧師職」を目指して神学を学ぶことになった。しかしながら、その当時、本音のところでは「神を（本当には）信じていなかった」と告白している。[17]

あくまで机上で知識としての神学を学び、説教術を学んでいたというのであるが、この神学生時代に突然の転機が訪れた。それは一八二五年の二〇歳のときに友人に勧められて、ワグナー（Wagner）家で行われていた敬虔主義の「聖書の集会」に参加したときであった。そこは、参加者が聖書を学び、聖霊に導かれるままに静かに祈るという素朴な集まりがもたれていた。ミュラーは、そこで跪いて謙虚に頭を垂れて真心から祈るキリスト信徒の敬虔な姿に圧倒された。[18] そして「本当」の信仰とは何かについて省察させられることになったという。一方で、神学を学び、説教の訓練を受けてはいたが、この素朴で敬虔な信徒たちのように「実は神を本気で信じていない」ことを強く自覚させられ、それが強烈な罪の意識となっていった。その出来事を契機に、神を本気で求めるようになり、最終的に自分の罪を認め、「回心」して神を信じるに至り、あらゆる罪を清算して「真の」キリスト者となったと告白している。[19]

（三）ブラザレン運動とそのルーツ

フランケをモデルにし、敬虔主義を起点に「回心」したということが明らかになっても、ミュラーのキリスト教の全貌を明らかにするにあたって避けて通れないのは、その後、生涯にわたってコミットし続けたブラザレン運動とのかかわりである。彼が牧会し、そのリーダーの一人として導いた教会（以下、当事者たちの表記に準じて

---

(15) Müller, *Narrative & Autobiography*; Pierson, 1899, op. cit.
(16) Müller, *Narrative & Autobiography*, op. cit.
(17) Pierson, 1899; Müller, *Narrative & Autobiography*, op. cit.
(18) Pierson, 1899; Müller, *Narrative & Autobiography*, op. cit.
(19) Müller, *Narrative & Autobiography*, op. cit.

「集会」と表記する）創設にかかわるブラザレン運動の影響は甚大である。

詳細は、すでに筆者の論文を参照されたいが[20]、ブラザレン運動（the Brethren movement）[21]とは何かをまず明らかにし、ミュラーがいかなる経緯でこの運動に直接にかかわるようになったのか確認しておきたい。実は、この定義を厳密にすることに困難さが伴うのは、当事者たちが定義した呼称ではなく、第三者が歴史的に分類・分析したものに基づくものであるという点である。そもそも、当事者たちは、自らを「ブラザレン」と呼ぶことを否定している。特に、自らが「ブラザレン」というような一つの宗派、教派であることを受け入れていないゆえに定義づけの困難さを伴う[22]。しかし、逆説的ではあるが、自らを「ブラザレン」と呼ばないという性質こそ、この「運動」の一つの性質が示されているといえる[23]。

神学的には「ブラザレン」とは、一九世紀初頭のイギリス（アイルランド）で起こった信仰回復運動、教会刷新運動のリバイバル運動で、当時国教会に属していた聖職者、神学者ネルソン・ダービ（John Nelson Darby，一八〇〇―八二）らが主導し、やがて国教会から離れて独立したグループ（群れ）となっていく[24]。ダービのみならず、それにかかわる主要人物は、ジョージ・ミュラー、説教者として著名なロバート・クレバー・チャップマン（Robert Cleaver Chapman，一八〇三―一九〇二）、現代でも著名な神学者F・F・ブルース（Frederick Fyvie Bruce，一九一〇―一九九〇）らである[25]。なお、日本では、「同信会」系として、宣教師ハーバード・ジョージ・ブランド（Harverd George Brand，一八六三―一九四二）、朝鮮伝道に出かけた乗松雅休（一八六三―一九二一）、白洋舎創業者の五十嵐健治（一八七七―一九七二）らの名前も挙げられる。歴史家の意見も分かれるところであるが、ブラザレンを、その結果を強調して一つの独立した「セクト（宗派）」としての「キリスト諸集会」とみるか、その過程のブラザレン「運動」（movement）としてみるかは意見が分かれるところである。セクトとはここでは、広義に捉え、主張を同じくする集団としての宗派およびその意識である。なお、本稿では、便宜上、ブラザレンという用語を、結果としての組織（宗派）として述べる場合は、「キリスト（諸）集会」、その過程の運動とみる場合は、

「ブラザレン運動」と意識的に区分けしているが、本論の性質上、原資料や他者の書物からの引用、参照箇所等も多く、その文脈に従って混在している場合もある。[26]

その集会形式を重視して始原を辿ると、厳密には、一八二七―二八年にアイルランドのダブリンでの「集まり」に起因しているとされるのが通説である。その「集まり」とは、エドワード・ウィルソン（Edward Wilson）宅で行われていた。[27] メンバーは、国教会の聖職者、神学の関係者たちであったが、後にその原点ともなるグロー

（20） 木原活信「英国初期ブラザレン運動とジョージ・ミュラー――その分裂と挫折が福祉実践思想形成に及ぼした影響をめぐって」『キリスト教社会問題研究』六八号（二〇一九）。

（21） 「ブレズレン」と表記する例もあるが本章では現代用語の表記に従い「ブラザレン」と表記している。また、メノナイトとの区分を明らかにするためにプリマス・ブラザレンと呼ぶ場合もある。

（22） たとえば、台豊『集会は〝ブレズレン〟か？』（伝道出版社、二〇一一）。

（23） ただし、近年では、この名称を受け入れて積極的に使用している例も散見されるようになった。ちなみに日本では戦時中、信仰を貫いたブラザレン（諸集会）のキリスト者（藤本善右衛門、石濱義則氏ら）が弾圧され、思想犯として逮捕された者たちもいたが、国家当局は当初、「集会」という呼称から、内村鑑三の「無教会主義キリスト教」と同じ範疇に入れていたが、取り調べのなかでその違いを認識し、後には「無宗派主義キリスト教」と別枠でカテゴライズした。ここでの「無宗派主義キリスト教」という用語は、自らが一つの宗派であることを拒絶する彼らのアイデンティティを象徴している。同志社大学人文科学研究所編『戦時下抵抗の研究１・２』（みすず書房、一九七八）に詳しい。

（24） Dowley, Tim ed. *The History of Christianity*, England: Lion publishing; Livingstone, 1977; *The Concise Oxford Dictionary of the Christian Church*, Oxford Univ. Press (2006) ＝木寺廉太訳『オックスフォードキリスト教辞典』（教文館、二〇一七）。

（25） Dowley, 1977; Livingstone, 2006, ibid.

（26） ブラザレン運動の研究のなかでもこれらを正確に史実に沿って総合的に分析しているのは、F. Roy Coad, *A History of the Brethren Movement* (2001); Nathan Delynn Smith, *Roots, Renewal and the Brethren* (1986) ; Tim Grass *Gathering to His Name* (2006) ; Edmund Hamer Broadbent, *The Pilgrim Church* (2006) がある。また、ブラザレンの原資料を提供している“Plymouth Brethren” Archive 公式サイト（https://www.brethrenarchive.org/）、および The Brethren Archivists and Historians Network (BAHN)（http://www.brethrenhistory.org/History.htm）は関連する歴史資料を保存、提供している。

ヴス（Anthony Norris Groves, 一七九五―一八五三）やダービがいた。その集まりの目的は、当初、国教会からの分離運動的要素ではなく、聖書を中心とした神学的議論を交わし、祈り、そして交わりの時をもつというものであった。それが次第に、国教会の刷新、霊的覚醒ということに焦点づけられていった。[28]

その後、ダービが国教会から離脱したことに伴い、この運動の正当性が聖書神学的に説明され、またその運動の性格が徐々に「分離派」として先鋭化し、結果的に国教会から独立したグループとしての群れ（教派性）の性質を帯びていくように変化していく。[29]

（四）ミュラーとブラザレン運動

もしブラザレン運動の始原を誰か一人に特定するなら、「フェイス・ミッション（faith missions）[30]」のアンソニー・ノリス・グローヴスがこの運動の思想的な原点であり、起源であるとされる。[31]

実はグローヴスはミュラーの義理の兄にあたり、後述するがミュラーがブラザレン運動とかかわる契機となるが、年齢的にもダービやミュラーよりも上であり、初期の「集い」をリードした。特にフェイス・ミッションに基づいて聖書に立ち返る信仰の精神性やパッション（霊性）においてブラザレン運動のルーツはここにあるといえる。[32]

グローヴスの宣教に同伴するのが後にミュラーの生涯の盟友となる当時二四歳の若き青年ヘンリー・クレイク（Henry Craik, 一八〇五―一八六六）である。この伝道旅行は洪水など自然災害の過酷な生活を強いられ、グローヴスは、結果的にそこで妻と娘も失うことになった。一八五二年に彼自身も病気のため英国に帰国するまでインド、バグダッドでの海外宣教を続け、そして一八五三年に死去した。[33]

一方で、ジョージ・ミュラーは一八三〇年にこのグローヴスの妹（Mary Groves, 一七九七―一八七〇）と結婚することになった。その意味で、生涯においてもっとも重要なパートナーとなる二人、つまり盟友クレイクと、そして妻メアリーとの接点は、いずれもこの海外宣教を心掛けた「フェイス・ミッションの父」グローヴスを起点としていることは、ブラザレン運動との不思議な邂逅である。つまりドイツ人のミュラーが、それまで無関係であったはずのイギリスにおけるブラザレン運動と必然的に結び合わされていった原因は他でもないグローヴスにあったと言っても過言ではない[34]。

このようなブラザレン運動にミュラーがかかわるようになった経緯は、先述した通り、妻がブラザレン運動の始原であったグローヴスの妹であったこと、そしてドイツから派遣されたミュラーの職業としての牧師というイメージへの挫折感があったからである。

ミュラーは、一八二八年にユダヤ人宣教の働きに参加するために宣教師としてイギリスへ渡る。しかしその宣教団体と方針が合わなくなり、ミュラーは独立宣教者の道を模索するようになる。そのようななかで、奇しくも

---

(27) Coad, F. Roy *A History of the Brethren Movement: Its Origins, Its Worldwide Development and Its Significance for the Present Day*, Vancouver: Regent College Publishing (2001), p. 29.

(28) Coad, 2001, ibid.; Grass, Tim *Gathering to His Name: the Story of Open Brethren in Britain and Ireland*, London: Paternoster Press (2006).

(29) Coad, 2001, ibid.; Grass, 2006 ibid,; Smith, Nathan Delynn *Roots, Renewal and the Brethren*, California: Hope Publishing House (1986).

(30) これは一定の組織に頼らず、ただ神への信仰によって宣教や事業をなすというもので、グローヴスをその先駆者とし、ミュラー、そしてハドソン・テーラー（Hudson Taylor）などがその系譜とされている。

(31) Smith, 1986, ibid.; Coad, 2001, ibid.; Grass, 2006, ibid,; Broadbent, Edmund Hamer *The Pilgrim Church*, London: Pickering & Inslis LTD. 1 (1931).

(32) その全貌は Robert Bernard Dann, *Father of Faith Missions: The Life and Times of Anthony Norris Groves*, Authentic Media (2009) に詳細が記されている。

(33) Dann, 2009, op. cit.

(34) Dann, 2009; Coad, 2001, op. cit.

同じ頃にイギリスのプリマスで始まっていたブラザレン運動（諸集会の信徒たち）と出会うことになった。そしてそのメンバー（職業的な牧師としてではない）の一人としてこの集会（群れ）に参加するようになり、その後生涯にわたり、ブラザレン運動において強力なリーダーシップを発揮することになる。(35)

そしてここでは触れないが、その後のブラザレン運動の分裂の渦中にも巻き込まれ、セクト化をはかるダービらのグループと袂を分かつ（絶交）ことになる。いずれにせよ、ブラザレン運動、および、敬虔主義により、「回心」し、聖書信仰に感化され、「覚醒」され、その強い影響のもとでキリスト教信仰の生涯を送ることになる。

一―四　黎明期の苦悩

ミュラーの回心と信仰的側面を述べたが、一方で彼の実践の背後にある挫折と苦悩、とりわけ黎明期の信仰ゆえの苦悩について明らかにしておきたい。

これまでのミュラーの伝記では、二〇〇〇人規模の孤児院経営という「奇跡」的事業や諸困難を「祈りによって解決」したといったエピソードを軸に紹介されてきたが、草創期は、ミュラー自身は深刻な信仰上の内面的葛藤と経営的問題を抱えている。特に半年間にわたって精神的不調により、あらゆる事業を休業せざるを得なかった経緯、そして逼迫した財政状況があった。神のみに頼る「実験」のため、その趣旨を理解した者以外からの献金を受けない、借金をしない、集金目当ての広告をしないといった方針により結果的に過酷なまでの財政危機を経験した。しかし逆説的にその危機的財政基盤ゆえに、世界のキリスト者たちが多額の献金で支えた。そしてまたミュラーは、以下に述べる通り「頭の病気」という「奇妙な」精神・神経症状と格闘したが、逆にその「脆さ」と「弱さ」ゆえに、愚直なまでに神に頼り続けた点にこそ、「奇跡の人」「偉人」ではないミュラーを理解する本質と鍵がある。

（二）「頭の内部に妙な病気」「頭の病気」（weakness in the head）

ミュラー自身の告白するところによると、「私自身の常を離れてサタン的な感情に捉えられ」（with satanic feeling, foreign to me even naturally）[36]と言わせるほど「頭の内部に妙な病気」「頭の病気」（weakness in the head）を経験し、自身の平時の感情をも理性的にコントロールできなくなっていたという。日誌や当時の記録によると必死で、「祈りの人」はそれを克服するべく、葛藤している状況が続く。しかしそれがなかなか思うようには回復できずに、結果的に半年間の休職を余儀なくされた。

一八三八年一月一六日の日誌には、冬の寒さもあるが、精神的にも肉体的にもかなり弱っている様子が窺える。「主は素晴らしい、主の恵みを通して」（How very good is the Lord! through his grace ...）などと神の恵みに感謝を捧げようと自らを奮い立たせようと理性的には懸命にふるまっているが、「今日は本当に辛い、寒さが厳しいから、いや私の肉体の弱さゆえか、多くの薬を服薬している」（but today I suffered much, either because it was colder than before, or because I felt it more, owing to the weakness of my body, and having taken so much medicine）[37]などと随分「信仰の人ミュラー」「奇跡の人」には似つかわしくないほどに弱気になっている。そのなかでもなお必死に祈り、神へ向かおうとする姿は痛々しくすらある。ミュラーの理解ではこれが「サタンの攻撃」であると自己認識しているゆえもあり、それゆえに罪の告白をしたともいう（for this was the object at which Satan aimed. I confessed also my sin of irritability）[38]。

結局、この「頭の病気」のために、孤児事業、教会の働きすべてを休業せざるを得なくなった。正確に言うと一八三七年一一月六日から一八三八年五月九日まで、孤児事業、集会（教会）での公での奉仕、すなわち説教、

（35） Müller, *Narrative & Autobiography*, op. cit.
（36） Müller, 1860, op. cit., p. 116.
（37） Müller, 1860, ibid., p. 116-118.
（38） Müller, 1860, ibid., p. 116.

祝禱、朗読などすべての働きを休業して見合わせた。この判断が自らによるものなのか、同労者のクレイクか、妻メアリーなど他者の進言によるものかは定かではない。いずれにせよ、休職をし、四月六日から五月九日はイギリスを離れ生まれ故郷のドイツで静養している。[39]

そして、半年休業した結果、体調はある程度回復した。彼の日誌には短く、以下のような記載がある。「五月八日　今晩、私はギデオン集会の祈り会へ行った。そこで詩篇一〇三篇を朗読した。そして会衆の前で私の最近の苦痛と苦悩について告白し、主に感謝を捧げることができた。一八三七年一一月六日以来、公の諸集会に出席したのははじめてのことであった」（May 8 This evening I went to the prayer meeting at Gideon. I read Psalm ciii., and was able to thank the Lord publicly for my late affliction. This is the first time that I have taken any part in the public meetings of the brethren since November 6, 1837.）。[40]

（二）財政的苦悩

ミュラーの事業は、借金をしない、キリスト者以外の篤志家に頼らない、国家に頼らない、という神への信仰面を強調するあまりに、実際には相当の経営難に陥っている。一八三八年九月一八日の日誌には以下のような記録がある。「T兄弟（事務局長）の手元には二五シリング、そして私には三シリング。一ポンド八シリングで必要な肉とパンとお茶を買わねばならなかった。……私たちは極端に窮乏していた。基金は枯渇した。同労者たちの手元にもほとんどお金はなかった」。[41]これは、「主が私たちの祈りを全く無視してしまわれたと思えた」[42]と思うほどの大きな試練であったようであるが、結果的には必要に応じて神が備えてくださったとされている。この一八三八年九月一八日の経営の危機状態については、七年後の一八四五年七月の機関誌に振り返って以下のように述べている。

「私たちの資金は極めて厳しい枯渇状態を続けていた。孤児たちの必要な資金が三日分もあるようなことは稀であった。しかしながら、そのようななかでも私が霊的試練と思えたのは、ただ一度である。それは一八三八年九月一八日のことであるが、その時だけは、初めて主が私たちの祈りを無視してしまわれたと思えたのである(43)」。

このように、ミュラーは、敬虔主義とブラザレン運動の影響を受けて、福祉実践をすることになった。世俗との関係を断ったために、貧しく、厳しい状況を余儀なくされたことであったことがわかるが、それが彼の壮大な「実験」であり、生涯貫いたものであった。文字通り、彼の福祉事業もキリスト教信仰を土台にし、それを世界に宣教し続けた生涯であった。それが成功したかどうかは評者へ委ねるとして、次にこれとの比較でアダムズについてみていくことにする。

二　ジェーン・アダムズの場合——福祉実践とキリスト教との距離と位置

以下では、一九世紀末から二〇世紀初頭にかけてアメリカで活躍した社会事業家であるジェーン・アダムズを

---

(39)　Müller, 1860, ibid., p. 119; Pierson 1899＝1964 op. cit., p. 134.
(40)　Müller, 1860, ibid., p. 119.
(41)　Müller, 1860, ibid., p. 119.
(42)　Müller, George *A Narrative of Some of the Lord's Dealings with George Müller written by himself*. Volume II, London: Dryden Press (1841), p. 73.
(43)　ibid., p. 73.

とりあげていきたい。アダムズのセツルメント運動による福祉実践や平和運動そのものはあまりに有名であるので、本稿では、その実践・活動そのものについて触れずに、中心的な課題として議論されてこなかった彼女の宗教性、とりわけキリスト教との関係に限定して議論していきたい。(44)

二―一　アダムズとその背景

二〇世紀の世紀転換期のシカゴは、イギリスより半世紀遅れて産業革命を経たが、貧富の格差などの都市部の社会問題の出現はイギリスと同様であった。イギリスよりも顕著であったのは移民の急激な流入による都市問題であった。これはジェーン・アダムズのセツルメント運動による福祉実践の重要な課題となる社会問題でもあった。

セツルメント運動は、先述したようにイギリスで始められた社会事業の重要な柱である。アメリカでは、この影響を受けて一八八六年スタントン・コイツ（Stanton Coit, 一八五七―一九四四）が、ネイバーフッド・ギルド（Neighborhood Guild）を設立した。そして一八八九年にジェーン・アダムズとエレン・ゲーツ・スター（Ellen Gates Starr, 一八五九―一九四〇）がシカゴにハル・ハウス（Hull-House）を創設したが、その活動は、保育所、児童公園設置、児童キャンプ活動、児童労働保護運動、移民支援、婦人参政権運動と多岐にわたるが、生活困窮者の「ために」ではなく、「ともに」生きることをモットーにし、その思想は大きな影響を与えた。

ハル・ハウスにはアダムズやスターのほかにもフローレンス・ケリー（Florence Kelly, 一八五九―一九三二）、ジュリア・ラスロップ（Julia Lathrop, 一八五八―一九三二）、アリス・ハミルトン（Alice Hamilton, 一八六九―一九七〇）、エディス＆グレイス・アボット姉妹（Edith Abbott, 一八七六―一九五七およびGrace Abbott, 一八七八―一九三九）らのアメリカを代表する著名な女性たちが参画した。彼女らは大学卒第一世代であり、能力はあっても女性であるゆえに政治家、弁護士、医師、聖職者にはなれず、社会的に差別されていた。しかし新興の専門職である福祉分野にあっては職業的自己実現を達成することが可能であった。

二―二　アダムズとキリスト教

アダムズは一般に理解されているように、当時のコンテキストで言うならば、必ずしもいわゆる「敬虔な」キリスト者とは言えなかったと考えられる。この点は、ミュラーとは対照的である。アダムズの場合は、キリスト教(教会)の価値観から出発したが、それから次第に離れて、社会福祉実践のヒューマニズム的な価値観へ変遷していったといえる。

ハル・ハウス開設の頃、アダムズの所属教会は会衆派の教会であった。もともと彼女は、長老派の教会に所属していたが、その後、会衆派に籍を移している。その理由が、長老派の教理によるものかどうかはわからないが、一方で、会衆派の教理にも充分に満足していなかったようである。なぜなら彼女は時々、ユニテリアンの教会(Jenkin Lloyd Jones' Unitarian Church)に参加して、そこに満足していたという記録も残されている。[45]

(一)父のクエーカー主義の影響

アダムズはクエーカー教徒ではないが、(そもそもクエーカーは一般のプロテスタント教会の教会員というようなメンバーシップとは異なるので定義しづらい面がある)クエーカーの影響を父親より強く受けている。[46]

(44)アダムズ全般に関しては、筆者の以下の著作、木原活信『J・アダムズの社会福祉実践思想の研究――ソーシャルワークの源流』(川島書店、一九九五)に詳しい。また本章のテーマであるキリスト教の世俗化とアダムズに関しては、筆者の以下の既発表論文に詳しい。木原活信「キリスト教の世俗化と社会福祉の生成」嶋田啓一郎監修『社会福祉の思想と人間観』(ミネルヴァ書房、一九九八)六五―八六頁。

(45)Allen F. Davis, *American Heroine* (New York: Oxford Univ. Press, 1973), p. 74.

そこでまず分析しなければならないのは父親ジョン・アダムズ（John Huy Addams, 一八二二―一八八三）のヒックス派（Hicksite）とそのクエーカー主義である。この父親は政治家であり、工場、銀行、学校などの起業に成功し、まさにアメリカン・ドリームを体現したような典型的人物だが、この父の影響が極めて強かったということを次のように明らかにしている。

「父の並々ならぬ影響（dominant influence）が絶大であり……私の記憶は父の印象といった一つの紐によってより明確化されてくるように思う。とりわけその紐は私の高まった感情をしっかりと結びつけるばかりか、人生の道徳的関心へと私自身をいざない、人生の迷路にはまった私に解決の糸口を与えてくれたのである」(47)。

アダムズの親族であり、後に伝記を記した甥リンによると、アダムズ家とクエーカーとの関係は一七世紀の植民地時代にまで遡るという(48)。一六八一年にこのフィラデルフィアの土地をウイリアム・ペン（William Penn, 一六四四―一七一八）より譲り受けて定住するようになったのが、アダムズの五代遡る父方の先祖ロバート、ウォルター兄弟（Robert/Walter, Adams）であった(49)。父のジョンは先祖以来のフィラデルフィアを離れてイリノイ州へ移ったが、クエーカー、とりわけヒックス派としてのアイデンティティを保持していたことは、娘のアダムズの父への回想に示された以下の記述からも明らかである。

「『「あなたは何者ですか」ともし誰かがお父さんに尋ねたらどのように答えるの』。落ち着いて返答しながらも父の眼はわずかにキラリと輝いた。

『私は、クエーカーだ』。

『でも、それでは不十分じゃないかしら……』と私は問いつめた。

『もっとも、おまえがいうように誰かがもっと詳しく聞くなら、「ヒックス派のクエーカーだ」と付け加えて答えるな』。
この重大な問題についてこれ以上一言も父から引き出すことはできなかった[50]」。

『クエーカー信仰の本質』を書き、クエーカーの宗教的リーダーであるルイス・ベンソン（Lewis Benson）によると、このヒックス派は「自由主義友会徒」とも呼ばれ、エリアス・ヒックス（Elias Hicks, 一七四八―一八三〇）の教説に基づくクエーカーの一派である[51]。この派は、自由を重んじ形式的宗教儀礼を拒否することが特徴のクエーカーの中でも更に形式を廃し、個々人に与えられる「内なる光」（inner light）を重視し、とりわけ個人の自由を強調することが特徴であった。クエーカーの中でも最もリベラルな立場に立ち、個人の自由を殊更に重んじてきた。

ところで、ヒックス派というのは、一八二四年にフィラデルフィアの正統派を主張する長老の一人が、過度に自由を強調するエリアス・ヒックスの説教を異端視して、クエーカーの中から排除しようとしたことから論争が巻き起こり、ヒックスの主張を擁護するグループとの間に起こった分裂が契機となっている。一八三〇年代に「正統派」のクエーカーは、ヒックスらのグループがキリストの神性を否定していると教理上の問題を提起して、

---

(46) この点に関しては以下の文献に詳しい。木原活信「初期J・アダムズの社会福祉実践思想とクエーカー主義――『社会福祉の良心』の形成過程と“inner light”」『基督教社会福祉学研究』第二四号（日本基督教社会福祉学会、一九九二）。
(47) Jane Addams, *Twenty Years at Hull-House* (New York: The Macmillan Company, 1910), p. 1.
(48) James Weber Linn, *Jane Addams* (New York: D. Appleton-Century Company, 1935), pp. 1-21.
(49) ibid., p. 1.
(50) Addams, op. cit., pp. 15-16.
(51) ルイス・ベンソン著、小泉文子訳、佐藤全弘解説『クエーカー信仰の本質』（教文館、一九九四）。

「異端」であると宣言し、ヒックス派をクエーカーから除名している。[52]

異端、分裂という言説は、セクトには付き物の言説であるので、第三者的評価はここでは避けたいが、このような文脈からすると、クエーカーの共同体であるフィラデルフィアで「異端宣告」されたヒックス派に敢えて自らのアイデンティティを保っているというジョンの「告白」には、並々ならぬ決意と強い意味が含まれているように考えられる。リンは、父ジョンの信仰態度を評して「キリスト教の信仰告白をしたり、他人に布教したりするようなことはなかったし、彼の信条といえばただ自己の統合をすることであった……その統合とは彼の言う『内なる光』のことであった」という言葉も、ジョンが、自らのアイデンティティをヒックス派であると位置づけていたことを考慮するなら充分理解できる。[53]

（二）キリスト教への懐疑

父親のクエーカーの影響を受けたというものの、アダムズはキリスト教信仰の核心部分に迷い、キリスト教の教理そのものにも多く疑問を呈している。先述したようにミュラーが聖書を字義通り解釈して、それを土台として信仰ゆえに悩んだ事情とは全く異なる。同じ「信仰ゆえの悩み」と言えても、厳密にはアダムズのはいわば「信仰それ自体への悩み」であった。

当時一般に公開された彼女の著作や講演においては、その影響を考慮してか、この信仰問題には明言を避けていたが、日記や手紙などのパーソナルな資料によると、彼女の信仰への疑問と葛藤は明らかである。例えば、児童期にはカルヴァンの予定説（父との問答）[54]、青年期にはキリストの神性に悩み（エレン・スターへ送った書簡）[55]、晩年にはこの信仰の迷いは深刻になり、不可知論的傾向へと傾斜していった様子すらも窺える。[56]そしてやがて、公式にはキリスト教それ自体を批判はしないが、むしろ福祉実践のなかでは宗教を相対的に捉えるようになっていった。

その影響は、アダムズのハル・ハウス実践の中にも現実的に影響した。例えばハル・ハウスの初期は、キリスト教の宣教的色彩を強めながら実践がなされていったが、途中でその方針は変更し、キリスト教を基盤とすることなく、ユダヤ教、プロテスタント、カトリック、ギリシャ正教などの異なったそれぞれの宗派、信仰形態が相互に理解し合うことの中に意義を見出し、むしろそれを奨励していった。これが当時の福音主義を信奉するプロテスタントの諸教会から非難の的になった。

こうして、アダムズは従来のキリスト教的慈善事業を脱皮して、博愛事業という実践形態に辿りついた。そして後には更に当時の時代背景である社会問題と対峙したなかで社会化されて社会事業へと展開していく。ここでは世俗化の具象としての「脱慈善化」という展開がみられる。

①ピューリタニズムへの抵抗

アダムズが福音主義神学に顕著に抵抗を示すようになったのは、福音主義を標榜するロックフォード女学院在学時代からであった。[57] この学校は、聖書を土台とした福音主義をベースに、神に仕える敬虔なキリスト教徒になること、そして優秀な学生には「婦人宣教師」として活躍することを求めていた。首席で卒業するほど「優秀な」学生であったアダムズに期待をして、当時の学長アンナ・シルに宣教師になるように勧められたが、それに

---

(52) 同前書 p. 187.
(53) Linn, op. cit., pp. 3-4.
(54) Addams, op. cit., pp. 27-8.
(55) Ellen Starr to Jane Addams, July 27, 1879. (Swarthmore College Peace Collection 所蔵); Christopher Lasch ed., *The Social Thought of Jane Addams* (New York: The Bobbs-Merrill Company, 1965), pp. 2-3.
(56) Davis, op. cit., p. 74.
(57) Cornelia Meigs, *Jane Addams: Pioneer for Social Justice* (Boston: Little, Brown and Company, 1970), pp. 27-29.

応じることに躊躇し、やがて抵抗した。しかしそれは、彼女の場合、単に「宣教師」になることを否定したというより、当時の植民地下でのキリスト教の宣教を奨励するピューリタニズムそれ自体に疑問をもったということであった。当時、学院で一つの重要な儀式として行われていた「キリスト者になるための回心」に対しても抵抗を見せている。大覚醒運動（Great Awakening movement）の影響がこの当時にどこまで残っていたかわからないが、学院では、学生たちに罪の悔い改めとキリスト教への「回心」を追っていたようである。(58)

また学院時代に「信仰」そのものについて内省すると同時に、それに対して疑問を呈していたことが、当時学友であった後にハル・ハウスの共同発起人となる親友エレン・スターとの書簡などからわかる。(59) スター宛の書簡の中では、公にはしないが、しきりにキリストの神性がわからないことや、「救われるとは一体どういうことか」などという神学問題を深刻に訴えている。これは、当時の知識人に影響を与えたカーライル（Thomas Carlyle, 一七九五―一八八一）やエマソン（Ralph Waldo Emerson, 一八〇三―八二）の啓蒙的な書物から触発されている。エマソンの書物を通して、ユニテリアニズムの本質を学んだかどうかは明らかではないが、彼の自然観に基づく汎神論的思考には親近感を覚えた。(60)

結果的にヒックス派クエーカーの影響や、学生時代の知的影響は、当時の中心的なエートスであったピューリタニズムへの抵抗という形になってあらわれた。(61)

②トルストイとその決別

ハル・ハウス開設当初、アダムズが辿りついたのが、原始キリスト教的な人道主義的共同体的思想であった。彼女は学生時代からトルストイを尊敬してその文学作品を愛読した。青年期のモラトリアム期に「何をなすべきか」という苦悩にとりつかれて精神的にも破綻しかけていた彼女は、自己犠牲を説くトルストイの思想に光明を見出した。彼女が共感したのは「キリスト教」ではなく、トルストイの説くいわゆる「イエス教」であった。それは、この地上において、福音書に示されたイエスの教えを道徳的に徹底する「福音書を絶対命題」として解釈する人類愛の実践であった[62]。

実際、彼女は一八九六年にトルストイを訪問した。このアメリカとロシアの「良心」の対面は、奇妙な食い違いをみせる。当時の彼女の思想的ヒーローであったトルストイは、客であるアダムズの裾の広がった豪華な服装を見て、「こんな服を着て、民衆の為に働けるのか」「この袖だけでも小さい女の子の服をつくる位ある」などと叱責したという[63]。また、当初のハル・ハウスの財源が、その大半が莫大な資産家であった父ジョンより受け継いだ地代からなると知って、その地主根性を叱咤し、額に汗して自らが働くことを勧めたという[64]。

帰国後、トルストイの教えに従い、アダムズは毎日パンづくりの労働を自らに課したが、後の社会・平和運動に奔走する多忙な生活に、このタスクは長くは続かなかった。そして、ハル・ハウスの都市生活、産業社会の複雑な現実を知るにつけ、このトルストイズムも晩年の彼女に満足を与えることはできなくなった。彼女は「現実の生活というものはトルストイのいうよりはるかに複雑ではないだろうか[65]」と述べている。産業革命後の社会問題、都市問題、そして資本主義社会の現実に直面しているシカゴの産業社会の問題には、トルストイの思想は、自然主義的ユートピアであり、現実的ではないことを悟っていく[66]。

(58) Addams, op. cit., pp. 51-57.
(59) Cornelia Meigs, op. cit.
(60) ibid.
(61) Addams, op. cit., pp. 46-59.
(62) ibid.
(63) ibid., p. 195.
(64) ibid.
(65) ibid., p. 195.

こうして一九〇七年には、トルストイの思想を正面から非難し、「古臭い鳩のような思想[67]」として、長年の理想であったトルストイズムと決別し、シカゴの産業社会という文脈を軸に実践を試みるようになっていった。これには社会主義者であり、ハル・ハウスの同僚ともなった、フローレンス・ケリーの影響も大きいが、この点に関しては拙稿参照のこと。[68]

③メインラインの教会との関係

当時のアメリカ社会、特にシカゴにあって、キリスト教会の影響力は、極めて大きかった。カトリックが大勢を占めるシカゴにおいて、先述したようにアダムズの所属は会衆派であった。洗礼を受けたのは長老派であったが[69]、その後、会衆派に変更している。その理由が、長老派の厳格な教理によるものかどうかはわからないが、リベラルな会衆派の教理にも必ずしも満足していなかったようである。実際には時々、ユニテリアンの教会に参加して、そこに満足していたという記録が残されている。[70]アダムズだけでなく、当時の知識人の多くがユニテリアンに触発されていた時期ではあるが、とはいえアメリカのプロテスタント神学の主流ともいえる聖書を基盤とする福音主義神学からすれば、それは三位一体を否定する、いわゆる「異端」に近い存在として見なされることさえあった。アダムズはユニテリアンではなかったが、その知性を重んじる理性的な信仰には共鳴し、また絶対的な神の義よりも、神の愛を重視する教理に親近感を覚えていた。[71]

「セツルメントの主観的必要性」の論文中で、アダムズはハル・ハウス開設にあたって三つの動機を挙げているが、その内の一つに、「キリスト教のルネッサンス（renaissance of Christianity）、それは初期の人道主義の見地に向かう運動である[72]」と主張している。従ってハル・ハウス開設当初は、それがピューリタニズム的ではないにせよ、キリスト教色は濃厚であった。ここでいう「キリスト教のルネッサンス」とは、原始キリスト教的イメージであるが、ミュラーが述べた聖書的コンテキストとは異なり、困窮者への支援が主眼であった。

彼女は、ハル・ハウスの開設当初、既存のキリスト教界と頻繁に接触をもっていたが、キリスト教界側の理解とすれば、一部の批判はあったにせよ、概ね神学校（セミナリー）を卒業したアダムズとスターの二人の優秀な女性が、新しい形で「神に献身し奉仕している」という好意的なものであった。広義におけるキリスト教の宣教の一環であるとも捉えられていた。経済的側面も含めて当時の大きな力であった教会のあらゆる協力、援助、理解は必要であり、このような好意的な理解に対して、最初はアダムズらもそれに応じていた。自らも所属していた近隣の会衆派、長老派などの教会にゲスト・スピーカーとして招かれていた。これがハル・ハウスを宣伝するとともに、キリスト教界とアダムズを密接に結びつける絶好の機会となった。福音（宣教）主義で名高いシカゴのあの大衆伝道者ムーディ（Dwight Lyman Moody, 一八三七—一八九九）の教会とも当初は好意的な接触があった。(73)

しかし、これらの関係は、彼女の内的信仰から動機づけられていたというより、ハル・ハウスの社会的信頼という側面や、経済的な安定を図るといった施設運営上の政治的判断という現実があったことを忘れてはならない。

（66） ibid.

（67） Addams, *Newer Ideals of Peace* (New York: Macmillan,1907), pp. 1-12; 230-234.

（68） 木原活信「世紀転換期におけるジェーン・アダムスの社会福祉実践思想の位置——フローレンス・ケリー、メアリー・リッチモンドの比較を通して」佐々木隆、明石紀雄、大井浩二、岡本勝編著『一〇〇年前のアメリカ——世紀転換期の文化と社会』（修学社、一九九五）。

（69） Addams, 1910. op. cit., p. 46.

（70） Davis, op. cit., p. 74.

（71） ibid.

（72） Addams, "The Subjective Necessity for Social Settlements", in Henry Addams ed., *Philanthropy and Social Progress* (New York: Thomas Y. Crowell, 1893), p. 2.　これは一八九二年にプリマスにおける道徳実践講座（School of Applied Ethics in Plymouth）でなされた講演である。

（73） Davis, op. cit., p. 117.

例えば彼女がハル・ハウスを開設する直前に所属したシカゴ第四長老派教会は、資産家がたくさんおり、教会が支援する献金も重要であった。彼女の内的側面を見る限り、学生時代にもった福音主義神学への疑問、あるいは信仰への懐疑は、その後も続いており、特に既存の教会には失望していたといってもいい。

こうしたアダムズのハル・ハウスの態度は、やがてシカゴの教会側も知ることとなり、次第に距離を置くことになっていった。例えばメソジスト教会では、教会の発行する雑誌に正面からハル・ハウスやアダムズを取りあげ、アナーキストをかくまったことやその思想的な問題を批判している。[74]ある別の教会では「日曜日に、カード、ビリヤードをやるとは残念だ」とハル・ハウスの活動をピューリタニズムの観点で批判している。[75]ましてや、社会主義者のフローレンス・ケリーがそのメンバーの一人になってからは、本格的に社会主義研究をし、社会運動を活発に行うにつけて、教会の批判は高まり、その関係を脆弱化させるどころか、危険思想であると理解されるようになっていった。[76]

こうして、アダムズのほうとしても、キリスト教会と距離を置かざるを得なくなった。アダムズの念頭にあったのが、既存の教会による慈善事業の克服であった。そして従来の慈善を超えて新しい援助の形態としての「博愛事業」という概念を提起した。ハル・ハウスの憲章にもあるように自らの実践を「慈善事業」ではなく、「教育的博愛的事業」と位置づけた。彼女が、ハル・ハウスが「慈善事業の一つ」であると呼ばれることを頑なに拒否して、その代替として、新たに「教育的博愛的」事業としたことは、社会福祉の歴史区分の上でも重要な分岐点であり、これは宗教的、特にキリスト教的慈善を脱皮していく世俗化の端緒であるともいえる。

結局、ハル・ハウスは、初期はキリスト教との関係を濃厚にもちながらも、次第に距離を置き、やがては、慈善事業を脱却していこうという新しい価値観に従った。それは博愛主義であり、後には社会改良主義を基本にした社会事業へと変遷していくことになる。

こうした従来のキリスト教会による慈善とセツルメントによる博愛事業（のちの社会事業）の違いは、次のように建築物に端的に象徴される。ハル・ハウスの建物は、カトリック教会の天に聳えるほど高い教会堂とは対照的に、低い背丈で、横に広がっていた。「むかしのゴチック建築は、神との交流を意味する尖塔をもっているが、この大伽藍は低く広く、人類を友情と相互扶助の中につつみこもうとする」(一八八八年ドイツのウルム訪問日記より)[77]と述べたアダムズの言葉は象徴的である。既存の教会における神との交流を意味する天へ聳えたつ高い大伽藍ではなく、人との連帯を意味する横への広がりをそれは有していたといえるからである。

三　ミュラーとアダムズの比較思想史

ミュラー(英)とアダムズ(米)という対照的な二人を扱うねらいは、代表する福祉実践者を通じて社会福祉とキリスト教の関係性を鮮明にするためである。以下では、二人について比較思想史的に議論していくこととする。

三―一　世俗化をめぐるベクトル

セツルメント運動をキリスト教の延長線として捉えるか否かは論者により、異なるが、デービスは、アダムズらが実践したセツルメントについて、キリスト教の延長とはとらえず、「セツルメントは、キリスト教信仰をなくした人にとって熱望された」[78]という。むろん、日本のセツルメント運動やキリスト教福祉実践をリードしてき

(74)　"The Central Christian Advocate", quoted in ibid., p. 117.
(75)　ibid., p. 118.
(76)　ibid., pp. 117-118.
(77)　Addams, 1910, op. cit., p. 110.

た阿部志郎などは、その逆の立場で、セツルメント実践自体がキリスト教ボランタリズムの神髄であり、その延長とみているので、その見解は立場により異なる。(79) 歴史的に分析するデービスによれば二〇世紀初頭の既存の教会の慈善事業に嫌悪感を覚えていた知識人や若者にとって、セツルメントは、まさに「キリスト教会の代替者」として大歓迎されたというのである。まさにこれは、キリスト教の世俗化と社会福祉の関係を象徴している。社会福祉の発展がキリスト教会における慈善の概念を脱宗教化させるエネルギーへと発展していったことを示している。セツルメント運動をキリスト教信仰の結晶とみるか、それをアウフヘーベンしたとみるかは別として、少なくとも当時の実践者のエートスとしては、キリスト教慈善の延長線に自身の実践を位置づけているという発想はアダムズを含めてあまり顕著ではない。

アダムズの福祉事業の行動をみる限りにおいて、むしろ世俗化のなかで福祉事業を位置づけたというのが適切であろう。その意味で慈善事業ではなく、宗教という文脈から離れた博愛事業、あるいは、社会的文脈を強調し、まさに社会事業を実践したのである。キリスト教の宗教性を世俗化させて、そして更に一般化（広義の意味で人道主義化）させ、より広義の社会全般の行動として理解したと言う説明が自然であろう。一方で、公的権力ではない民間によるボランタリズムという意味ではイギリスの一九世紀のミュラーと共通している点であるが、国家と宗教（キリスト教）との位置づけと距離感は全く異なる。

ミュラーがイギリスの一九世紀の港湾都市ブリストルを舞台にしたのに対して、アダムズの舞台は、一九世紀末から二〇世紀初頭の新興都市シカゴであった。共通しているのは、産業革命の影響による社会問題に直面していたという点である。時代は半世紀ほどずれるが、産業革命はイギリスが先行しているため、直面した格差、貧困などの社会問題による背景はほぼ共通していることになる。

ところが、この二人の福祉実践、事業は同じ枠組みで括ることはできないほどにキリスト教と福祉のベクトルの方向性が異なる。アダムズの中には、「神の栄光」を顕すというような言説はないし、おそらくそのような意識はないのであろう。一方でミュラーにとって国家（権力）のみならず、神以外に頼ることが「この世」の世俗の方法であり、それは罪の結晶そのものであると批判した。このように世俗を忌避し、聖なる神から離れさせる悪への挑戦と捉えたミュラーとは対照的に、むしろキリスト教をさらに世俗化、社会化、そして一般化、普遍化したなかで事業を展開すること、宗教や信仰の側面からではなく、より社会化させたなかに新たな形態としての社会事業の可能性を探り、その方向を捉えていた点がアダムズの特徴である。これは制度や組織としての宗教ではなく、宗教を内的（良心、「内なる光」inner light）に捉えようとするクエーカー思想の影響の一つであるとも言えるが、表層的にはキリスト教会的事業から、社会的な事業（社会事業）への転換こそがアダムズが強調したベクトルの方向性であったことは間違いない。

それゆえ、アダムズが実質上頼ったのは、キリスト教のネットワークではなかった。つまりキリスト教の諸派や地元のシカゴの地域教会との連携・連帯よりは、むしろそれらとは一定の距離をとり、広義の市民社会、あるいは世俗社会との連帯を強調した。具体的には、アダムズのハル・ハウスは、労働運動、消費組合運動、女性運動、平和運動などと密に連携したなかでセツルメント事業を通して社会改良運動を展開していくのである。その社会的実践のなかで、やがてイデオロギー的にも、社会主義的色彩が強まっていく。ハル・ハウスの初期のセツルメントと後期は明らかに異なってきている。その影響として、たとえば、エンゲルスの愛弟子であり、共産党宣言を翻訳したフローレンス・ケリーが挙げられる。ケリーはハル・ハウスの同僚として迎えられ、シカゴの貧困調査などを共同で行った。アダムズ自身は最終的には社会主義者とはならなかったが、彼女の晩年の福祉思想に社会主義の影響が強くなっていく。ハル・ハウスの共同創設者であるエレン・ゲーツ・スターも社会主義的色

(78) ibid., p. 108.
(79) 阿部志郎『福祉の心』（海声社、一九八七）。

彩を強めたことで、ハル・ハウスは二〇世紀初頭には「危険思想」の対象となり、当時のＢＯＩ（ＦＢＩの前身）が警戒するブラックリスト上位にもリストアップされるほどであった。後に、エレン・ゲーツ・スターほかアダムズのハル・ハウスの同僚たちは市民運動、特に労働運動により相次いで逮捕されるなど彼女らの国家権力や資本主義社会への抵抗運動や抗議運動は激化していった。

キリスト教との距離ということを述べたが、一方で、キリスト教的文脈では、社会福音派がセツルメント事業を支えていることはもう一つの特徴である。特にハル・ハウスの女性たちは大学卒の第一世代とされる高学歴の知識層であったが、キリスト教の福音を目前の社会問題と直結させるようなこの地上における「神の国」の建設の運動と捉える思想には親和性があった。日本では賀川豊彦などともこの点で共通点があり、セツルメント事業を通じて二人は交流をはかっているし、賀川へも影響を与えている。

三―二　脱慈善と非慈善――社会福祉の連続性と不連続性

ところで、従来の社会福祉学、社会福祉史における通説では、キリスト教慈善をやや単純化して捉えてきた傾向があったことは否定できない。それは社会福祉の歴史を発達過程として説明するあまりに、ある種の一定の歴史観に基づいて分析される傾向があった。それに従えば、キリスト教的慈善は、第二次世界大戦後に出現した国家による「権利としての社会福祉」の前形態（先駆形態）の前近代的な一つ、あるいは二〇世紀に発達する専門的支援としてのソーシャルワークの先駆形態として位置づけられる。つまり、合理的、科学的、そして権利としての福祉への発達段階の前段階と位置付けられる。

その際、既存のキリスト教的な「慈善」（チャリティ）に対しての批判は、その動機が恣意的支援であるゆえの非科学、非効率、非組織的であり、そして、援助者の対象者への恣意的な憐れみという「上から目線の」同情心が根強くあるという点である。その観点からの解釈として、このような非科学的、あるいは同情心を克服して、支援方法の科学化と、対象者を対等の人間としてみる展開が社会事業、そしてそれに続く国家の権利としての社会福祉の成立をみる基準となる。これは先述した同時代のCOS運動やセツルメント運動のなかにもみられるものである。アダムズの場合などその一つの典型的なモデルである。つまり、慈善から社会事業、社会福祉へのステップのなかで先述したように、脱宗教的意識をもって、世俗化の過程を経て「脱慈善」というプロセスを経て、社会事業へ「発展」していったという説明が成り立つのである。

これらによると、ここでのキリスト教（宗教）に根付く慈善の位置づけと評価は、慈善事業の根源や起源のルーツとしての一定の貢献は認めるものの、近代の社会事業、そして第二次大戦後の福祉国家の成立により、かつての慈善は、もはや乗り越えられるべき前近代的なもの、あるいは場合によっては非科学的、恣意的な上から目線の同情心を押し付けた「負の遺産」のようなイメージで語られることが少なくない。ところが果たしてそれほど単純なものであろうか。個別に歴史的分析をすると、キリスト教慈善を一括りで捉えるのは難しく、その様態や思想も多種多様であり、とりわけキリスト教信仰との関係、国家との関係などでもう少し精緻な分析が必要である。

一九世紀の代表格とされるジョージ・ミュラーの孤児事業という典型的な慈善事業であるが、その「慈善」事業をめぐっても、彼の言説や行動を丹念に追っていくと、通説で言われているようなステレオタイプの意識構造にあてはめることは難しいことがわかる。ミュラーの孤児事業にそのような意識を見出すことは難しい。ミュラーの場合は、「対象者（孤児）への憐れみ」や「その同情の念に基づく恣意的な施し」という情緒的援助動機よりは、ストイックなまでの宗教心（信仰心）が根強く、人（社会、国家）ではなく神だけに頼ることが果たして可能かどうかについて世に示す人生を賭けた「実験」「実証」“experience”として本人がそれを位置付ける事業であり、そのことを通して「ただ神の栄光を示す」ことを徹底的に追求したことがミュラーの事業の思想的特徴であった。アダムズにはこのような言説はみられないし、同時期の社会事業家と言われる人たちも、多少の含みはあったとしても次第にこの言説は薄まっていくのが特徴である。一方でミュラーはそれを前面に押し出したが、ミュラーのなかには孤児への「憐れみ」というような情緒的な同情心を最重要な動機として見出すことは難しく、むしろ「神の栄光」を示すという信仰的側面こそが彼の最大の関心であったと説明するのが自然であろう。それ以上でも以下でもない。その意味では、ミュラー自身も実は自らの事業が「慈善」であることを頑なに拒否していたことになる。

これらのことを論じるうえで欠かせないのは、キリスト教(信仰)の捉え方である。ミュラーが生きたヨーロッパ社会(主に、イギリス、ドイツ)にあって、ミュラーが問題視していたのは、世俗化した当時のキリスト教社会であった。そのなかで、神だけに頼るという禁欲的なまでの事業が果たして可能であるのかを実証(実験)することが彼の使命であった。つまりそれを自らの「実験」により「神が生きて働くこと」を証明することこそが彼の人生をかけた究極の目的であり、最大の関心事であったというのである。ミュラーの内的世界観によれば、一九世紀の中頃はキリスト教がすでに世俗化していたと理解していた点が興味深い。ミュラーによれば、こうしたキリスト教や国教会の世俗化こそが諸悪の根源であり、あらゆることがらの根本問題がそこにあるとしていたのである。ここでキリスト教の名のもとになされる当時の西洋の「慈善」事業というものも、世俗化の結果であり、ミュラーは特に動機面において否定した。ミュラーは以下のように述べている。

「この働きの主要で第一の目的は、一時的な児童福祉(the temporal welfare of the children)でもなければ、霊的な福祉のためですらないということです。それを求め、祈っている恩恵を通してそれ自体は祝福であり、光栄ではあるのは間違いないのですが。しかし、事業の第一の最も大事な目的は、この世に対して、そしてキリスト教会全体に対して、悪い時代においてでも、神に頼ろうとする人々を助け、救い、慰め、祈りに答えてくださる事を示すことによって、生きた神はご自身を生きた神として顕すお方であることをこの世に示していくことなのです。だから、私たちは神を離れて、人に従ったり、世の方法に基づく必要はないのです。神は私たちの必要なすべてのことを満たすことのできるお方であり、またそれをなそうとしておられるのです(80)」。

別の見方をすれば、一九世紀に西洋社会でなされていた慈善を否定して、本来の意味での宗教的慈善（アガペー、カリタス）に回帰するべきであると考えていたと解釈するのが妥当であろう。ミュラーの孤児事業は、しばしば彼が引用するヘブライ的なヘセド חֶסֶד、ミシュパット מִשְׁפָּט 的な神の義（正義）の概念をその根本理念として援助していたと考えるべきであろう。つまり、申命記二四章一七節にある「寄留者や孤児の権利を侵してはならない」と言う場合の「権利」（ミシュパット）意識こそが、ミュラーが一貫してもっていた思想であり、その具体的な愛他行為は、モーセ律法に記されている「落穂拾い」に示されるような身寄りのない孤児、寡婦、寄留者（外国人）、貧困者への救済という観点による。つまり、アダムズが脱慈善であるとするなら、ミュラーは慈善そのものを本来の神の業《わざ》へ回帰させる、ヘブライ的、あるいは原始キリスト教的側面であった。

とりわけミュラーが対象にしたのは、そのうちの孤児であったが、それは「孤児の父である神」（詩篇）に示されように、ミュラーが孤児への実践の動機や行動原理として引用していることからも、そこにみられるヘブライ的な意味での「正義」（ツェダカー、ミシュパット）と「慈しみ」（ヘセド）こそが、ミュラーの孤児救済の行動への根本原理であり動機であったと言える。「貧しい者や、孤児の権利」というヘブライ的発想であり、律法的に厳格な定めであった。ヘブライの預言者ミカが宣言した、「人よ、何が善であり／主が何をお前に求めておられるかは／お前に告げられている。正義を行い、慈しみを愛し／へりくだって神と共に歩むこと、これである」

（80） Müller, 1860, op. cit., p. 211.

（ミカ六・八新共同訳）というのが、ミュラーの実践の基本であったのである。そう考えると、これらは決して従来考えられているような現代の慈善についての批判的考察にあるような対象者が可哀そうだからというような情緒的な意味での慈善観では説明できないことになる。

これに対して、アダムズには、そのような意識や言説はなく、また信仰心や、宣教の働き、神の栄光という意識もなく、より普遍的に市民的に事業を理解してもらう公共性こそが事業の軸となった。その意味では好対照である。

そうなると、アダムズの実践は、「脱慈善」を通して社会事業を展開したが、ミュラーは一九世紀の慈善を否定して、すなわち「非慈善」を通して、古代ヘブライ、あるいは原始キリスト教的なエートスとしての本来の「慈善」を回復させようとしていたという意味で、ベクトルが異なっていることになる。

おわりに

以上、ミュラーとアダムズのキリスト教史、社会福祉史における位置づけを、議論してきた。これまで述べてきた論点を改めて整理すると、一つは、ミュラーが信仰のリバイバル的回復を強調することを通して世俗化に抵抗したのに対して、アダムズはキリスト教を世俗化させることを通じて、社会事業へと転化させていったというベクトルの違いである。二人の国家（権力）と福祉（慈善）の関係の捉え方は意味合いが真逆である。とは言うもののその結果は国家と慈善を切り離して捉えている点では共通している。それは、アダムズは、福祉のボランタリズムの観点から国家権力と対峙する姿勢の中に民間による社会事業の可能性をさぐったのに対して、ミュラーは、信仰の純潔に固執するゆえに国教会や国家と対峙した。

生きた時代こそ半世紀ずれているとはいえ、産業革命の影響下の都市問題は、その勃興がイギリスとアメリカとで半世紀ほどずれていることから共通の課題に生きていた。しかし、アダムズが、資本家、労働問題などに鋭敏に反応し明確な社会問題への意識をもって批判的に対峙したのに対して、ミュラーはそれらを問題意識にしておらず両者は対照的である。

教派性においては、ミュラーがルター派や英国国教会ではなく、プリマス・ブラザレン運動の超教派的なところに自らを位置づけた形で事業を展開したのに対して、アダムズはクエーカーの影響を父より受け継ぎ、メインラインの長老派、会衆派の教会に身を置きつつも、実際は信仰への「迷い」を経験している。それはミュラーが「信仰ゆえの葛藤」であったのに対して、アダムズは「信仰そのものへの迷い」であったと言える。

以上から、欧米の福祉ボランタリズムを代表する二人は、同じ福祉についても明確な差異があったことがわかる。その差異は、その後の日本での影響をみても、対照的である。いずれも脈々とその影響を残していくことになるが、ジェーン・アダムズの思想は、来日を通して賀川豊彦へ影響し、また日本でのセツルメント運動に直接的影響を与え、また平塚らいてう、林歌子らのフェミニズム運動、また平和運動のなかにその思想が受け継がれていく。一方で、ミュラーの場合は、来日を通して、日本の「児童福祉の父」とされる石井十次、救世軍の山室軍平などにその事業が強いインパクトを与えていくことになるのである。

第四章　海を渡るキリスト教社会事業
――ハレ・ロンドン・ハンブルク

猪刈由紀

はじめに

大会シンポジウムでのパネリスト報告は、形成期の近代都市という舞台で格闘するキリスト者たちの姿を通して、ヨーロッパからアメリカ、そして日本へといたるキリスト教的救貧事業・社会福祉事業の歴史的展開を明らかにするものだった。各報告者はみずからの関心に基づいて独自の焦点を設定し、そこからそれぞれの事例の持つ特徴が明確になったが、他方で、それぞれの地域や時代の枠組みの中にあるはずの具体的な事例の間にはある種の共通性があり、一つの大きな流れとなって浮かび上がってくるようにも思われた。

一八世紀のメソジスト派創設者のジョン・ウェスレー（John Wesley, 一七〇七―一七九一）が考え、実践したチャリティーを取り上げた馬渕報告では、ウェスレーの意図するところが同じメソジストたちに十分に理解されず、自らの思い描く実践につながらないことの苦悶が説教集によりながら示された。さらに一九世紀に入ると、このウェスレーに倣ったウィリアム・ブース（William Booth, 一八二九―一九一二）は Salvation Army（救世軍）を創設し、社会下層の人々のもとに「信仰により人は再生する」という信仰のメッセージを届けようとした。彼らを引き付け、動かすために、ブースは軍隊組織の階級、規律や用語を採用したが、そうした独創的な、しかしそれ故に新奇の目をも向けられた活動は、信仰を土台とする事業を社会で広げていかねばならないという宣教活動の理解とそれへのこだわりを背景にしており、実践上の困難と悩みの源泉になっていた。社会の中での対立のみならず、ウェスレーにあった、同じ宗派内ですら活動の理念が十分に共有されないという苦悩は、ブースの救世軍の中でも見られただろうか。それぞれの組織の状況と両者の相違について、近代とそれ以前との比較事例になるが、それを読み解くことの意義は大きいはずである。

カトリックが主流派を占めるという、ドイツでは必ずしも典型的とは言えない一九世紀ドイツの二都市を対象にした平松報告では、都市化の進展にともなう教会的貧民支援から行政による政策としての公的救貧事業への転換が考察された。公的事業としての救貧に飽き足らない医師ハインリッヒ・ハーン（Heinrich Hahn, 一八〇〇―一八八二）を中心に、カトリック協会活動を通して信仰の業としての救貧の働きをなす余地を確保しようとした都市アーヘンに対して、リベラルなカトリックとプロテスタントの議員らが多数を占めて議会をリードしていたケルンでは、宗教的隣人愛から弱者救済という市民的エートスへ、救貧事業の精神的よりどころが移行する様子が見られた。やはりここでも、救貧の土台としての愛へのこだわりと、信仰の実践の機会としての救貧、そしてまた宣教の機会としての救貧をめぐり、カトリックの事業当事者たちは悩みを抱えていた。その際、数の上では少数であったプロテスタントの市民たちは、どのような立ち位置を占めていただろうか。どの程度そこに宗派性を見ることができただろうか。宗派間の、また二都市の間の比較の観点は、ここでも有効かもしれないと考えさせられた。

舞台が大陸から再びイングランドへ、そして二〇世紀のアメリカにまで至った木原報告では、大陸からイングランドへ渡り、ブリストル郊外で貧しい少女たちの教育に当たったドイツ人、ジョージ（ゲオルグ）・ミュラー（Georg Müller, 一八〇五―一八九八）の事業と、アメリカ人ジェーン・アダムズ（Jane Addams, 一八六〇―一九三五）[1]によるシカゴでのセツルメント運動での両者の苦悩がテーマとなった。ドイツ敬虔派の影響であろう、ミュラーはかたくななまでに「キリスト教的な」運営資金と教育内容にこだわり、財政的困難や公論上での批判など、苦悩の多くはそこに起因していた。またアダムズが中心となったハル・ハウスの活動は、なによりも女性が中心となった点が特徴的である。当時の上流階級の女性たちが置かれていた状況と、その苦悩を昇華する自己実現の可能性は社会活動へと結実した。移民受け入れの現場という社会のマージナルな場にあって、女性の視点と問題意識は、女性や子供の教育、支援の在り方などに具体的に生かされたが、そこには女性ならではの苦悩もあったのだった。(2) アダムズの活動の土台にどのような信仰的要素が見られるかも含めて、やはり比較研究にとって貴重な事例である。

残る二つの報告では日本の近代が対象となった。大岡報告では、もともと武家地であった西神田三崎町界隈が、明治以降には学生街、娯楽街として発展を遂げ、さらにキングスレー館やニコライ堂、ＹＭＣＡ会館や救世軍の本部など、キリスト教系の活動拠点が築かれていく過程が報告された。日比谷焼き討ち事件では、浅草や本所を中心とする教会が対象になったのだったが、神田地区をはじめとする他地域の教会施設と比較して検討することは、異質なものとの共存が求められる近代都市となった東京を知るうえで、重要な視点となる。それぞれの地域をクリスチャンとノンクリスチャンの接する場として見ることで、交流と接触の有り様と、それに起因する（日本社会における他者としてのキリスト教会という）問題が浮き彫りになるのではないだろうか。

のちに社会主義者となる片山潜（一八五九―一九三三）の社会的問題との取り組みにおける、キングスレー館

（1）アダムズについては哲学者ジョン・デューイに与えた影響も指摘されている。制度や立場の本質的対立を土台に据えるヘーゲル的思考は認識をゆがめるものだとして、その放棄を迫り、それがデューイの「突然の回心」へとつながったという。谷川嘉浩『信仰と想像力の哲学――ジョン・デューイとアメリカ哲学の系譜』勁草書房、二〇二二年、二四―二五頁参照。

（2）ジェンダー史的考察として、佐々木一恵「聖十字架修女会の会員とセツルメント運動――生と活動の様式としてのアングロ・カトリシズム」『ジェンダー史学』一六号、二〇二〇年、二一―三五頁。

（一八九七—一九一四）での活動を扱った永岡報告では、労働者のためのこの事業のはじまりと、アメリカン・ボードによる資金援助打ち切りに起因する結末までを追い、片山にとって、キリスト教的な労働者支援から社会運動への転換という重要な契機にあたったことが取り上げられた。片山の社会問題への関心は、どの程度、信仰的裏付けを持つと考えられるのか、また信仰ゆえの苦悩があったと考えられるのか。支援活動にあたっては、被支援者から警戒されることを懸念して宗教的要素をなるべく表にだそうとしなかったジェーン・アダムズの場合と同様に、難しい問いである。

いずれの報告にも共通したのは、近代都市形成期に特有の事情として現れた、生存のために国境を越え移住する人々の問題であり、支援者、被支援者のあいだの近代的なジェンダーの問題であり、またキリスト教と社会科学あるいは社会科学的イデオロギーの関係の問題だった。移民の都市シカゴとアメリカ移住を準備した場でもあった三崎町のセツルメントであり、支援者となったアダムズらと、ミュラーの学校で学び、社会的下降から身を守ったはずの少女たちであり、また片山を支え、動かした信仰と学的信念の問題である。

報告を通して明確化した重要な点のひとつとして挙げられるのは、時代的な、また国や地域を超えての「つながり」、「影響関係」である。イングランドでのウェスレーからブースへは明確な流れがあり、ドイツ敬虔派の影響はミュラーの事業に見られる。セツルメント運動はイングランドからアメリカへ、さらに日本までその影響は及んでおり、片山は実際にアメリカとイングランドのセツルメントも目にしている。こうしたつながりは、個人の、あるいは団体のレベルで、人の移動による実際の交流や提携もあれば、間接的な情報や経験の継承などの影響関係もあった。(3) キリスト教的社会事業をめぐる今後の研究においては、個別事例を掘り下げつつ、さらにそれを全体図の中に位置付けていくこと、すなわち個別研究の推進と並行して全体の見取り図を描く作業を進めていくことが求められるだろう。

以上の成果を受けて本稿では、自らの専門テーマであるドイツ敬虔派の救貧・教育活動に照らして加えたコメントを延長しつつ、国際的な「つながり・交流・影響」という問題設定に基づき、一八世紀を中心に、救貧事業、とくに貧しい子供の教育事業をめぐるドイツ（神聖ローマ帝国）とイギリスの間での交流を取り上げて、両地域のつながりの一例を示すとともに、貧民教育におけるキリスト教的問題意識と啓蒙主義的動機との絡み合いについて考察したい。以下では、まずブランデンブルク侯領の都市ハレ郊外での、敬虔派牧師にして神学教授アウグスト・ヘルマン・フランケ（August Hermann Francke, 一六六三―一七二七）による救貧事業[4]がどのようにイギリスへ伝えられ、イギリスでは誰にどう受け止められたのか、そしてフランケとイギリス側とはどのような関係をもっていったのか、イギリスとドイツのつながりを見る（一節）[5]。続いて、歴史的にイングランドとのつながりの深かった都市ハンブルクでの啓蒙主義者による救貧事業と貧民教育施設について、そこで認められるイングランドからの影響と宗教的トーンを念頭に置きながら検討する（二節）。さいごにまとめとして、近代以前から近代への時代の流れを軸として、シンポジウムで取り上げられ考察された「苦悩」に戻り、改めてコメントを加えて

（3）本稿ではいわゆるプロテスタントの国際的ネットワークに関連する一事例を取り上げるが、これは他の宗派、宗教に関しても当然対象となる問題設定である。プロテスタントのほかカトリック、イスラーム、ユダヤ教、仏教、ヒンズー教の近代国際ネットワークを論じる試みとして以下がある。Abigail Green/Vincent Viaene (eds.), *Religious Internationals in the Modern World. Globalization and Faith Communities since 1750*, Palgrave Macmillan, Basingstoke, 2012.

（4）ハレでの事業については拙稿「ハレ・フランケ財団（シュティフトゥンゲン）における救貧と教育」、『キリスト教史学』第七〇号、二〇一六年、九五―一一二頁、および「ヴェーバーによるドイツ敬虔派の論述」、キリスト教史学会編『マックス・ヴェーバー「倫理」論文を読み解く』教文館、二〇一八年、八三―一一三頁を参照。

（5）二〇一一年にはロンドンとハレの孤児院学校のつながりと交流をテーマとしたシンポジウムが開催され、その成果が二巻本で刊行されている。Holger Zaunstöck/Andreas Gestrich/Thomas Müller-Bahlke (Hg.), London und das Hallesche Waisenhaus. Eine Kommunikationsgeschichte im 18. Jahrhundert, Verlag der Franckeschen Stiftungen, Halle, 2014.

本稿を閉じることとしたい。

一　ハレとロンドン――ハレの救貧事業（Franckesche Stiftungen）とＳＰＣＫ

一七世紀から一八世紀にかけての神聖ローマ帝国領邦とイギリスの間でのつながりを考えるうえで、政治、経済、社会、文化の諸領域が想定できるが、まず政治的領域に目を向ければ、婚姻による王朝間のつながりがあった。イングランドのアン女王（一六六五―一七一四：一七〇二年即位）の夫である王配デンマーク王子ジョージ（一六五三―一七〇八）はホルシュタイン公でもあったがルター派で、宮廷にはルター派の敬虔派の牧師や説教師の姿があった。アン女王に続くハノーファー朝でも、宮廷にまつわる人物を中心としたドイツ語圏とのつながりは継続していくことになる。

大陸とイングランドの交流における宮廷にならぶもう一つの拠点として、ロンドンのドイツ・ルター派教会の存在があげられる。宗教改革期の一六世紀半ばにイングランドへ亡命したルター派やカルヴァン派は五万人と言われ、彼らはロンドンとイングランド南東部を中心に居住した。[6] 一五五〇年には憲章 Royal Charter により母国語でルター派の典礼による礼拝をすることが許され、元アウグスティノ会の礼拝堂を使うことになった。一六六九年の憲章でルター派教会の建設が認められるとその四年後の一六七三年にトリニティー・レインに最初のルター派教会が建設され、これはのちにハンブルク・ルター派教会と呼ばれるようになる。一六九四年にはサヴォイパレスの、かつてのイエズス会チャペルが聖マリア教会として二つ目のルター派教会となった。ロンドンのサヴォイ教会などともよばれるこの教会は、近世から近代にかけて、大陸のルター派との重要なネットワークの拠点となり、近代にはドイツ・キリスト教協会の事務局長だったカール・フリードリヒ・アドルフ・シュタインコプフ（Karl Friedrich Adolf Steinkopf, 一七七三―一八五九）の第一〇代牧師就任以後、プロテスタントの協会運動と世界宣教の要の役割を果たした(7)。

ナントの勅令廃止（一六八五年）に端的に見られるように、一七世紀終わりの時期は、宗教と政治の交錯があらたな次元に入っていた時期にあたっている(8)。例えば一六九七年だけでも、アルザス、ファルツからアメリカ植民地までもが戦場となった大同盟戦争（九年戦争・アウクスブルク同盟戦争ともいわれる）の終結のほか、ポーランド―リトアニア王への即位に伴うザクセン公のカトリックへの改宗があり、カトリック勢力拡大を前にして、プロテスタント諸派の合同が模索されていた(9)。カルヴァン派のホーエンツォレルン家のベルリンの宮廷には宮廷説教師ダニエル・エルンスト・ヤブロンスキー（Daniel Ernst Jablonski, 一六六〇―一七四一）がいて、ブランデンブルク・プロイセンの中でのカルヴァン派とルター派の合同、またイングランド国教会との連携に積極的だった。母方の祖父には教育者としても著名なコメニウスをもつヤブロンスキーはボヘミア兄弟団のネットワークのなかにあり、二年間オックスフォードで学ぶなどイングランドとの縁も深く、ベルリンとイギリス国教会をつなぐ人物であった。

（6） Nicholas Railton, "London Connection", in: *No North Sea. The Anglo-German Evangelical Network in the Middle of the Nineteenth Century, (Studies in Christian Mission, Volume: 24)*, Brill, Leiden, 1999, p. 71-112; Daniel Brunner, *Halle Pietists in England. Anthony William Boehm and the Society for Promoting Christian Knowledge*, Vandenhoeck und Ruprecht, Göttingen, 1993, Chapter 2.

（7） Railton, *op. cit.*, p. 71.　同じサヴォイ地区には改革派教会もあり、混同に注意を要する。ドイツ・キリスト教協会については拙稿「バーゼルから見る二つの寛容――ドイツ・キリスト教協会と二つの宗教令　オーストリア（一七八一）とプロイセン（一七八八）」『キリスト教史学』第七四号、二〇二〇年、二三〇―二四五頁参照。

（8） 西川杉子「ルターを引き継いで――一七・一八世紀プロテスタントたちの連帯運動」『史学』八八（二）、二〇一八年、一〇九―一三一頁。同氏にはこのテーマについて英語を中心にいくつもの論考があるが、ここでは日本語文献を挙げておく。

（9） Alexander Schunka, Zwischen Kontingenz und Providenz. Frühe Englandkontakte der Halleschen Pietisten und Protestantische Irenik um 1700, in: Pietismus und Neuzeit, 34, 2008, S. 72-104, S. 84.

他方でハレとイングランドのつながりはどうか。ハレの市壁外のグラウハ教区にフランケが着任したのは一六九一年である。ハレは古くからの居城都市ではあり、製塩業の中心地でそこから多くの富を得ていた市民層も存在した。[10] 一六九四年には、ルター派正統主義の牙城ライプチヒ大学に対抗させる狙いで、ブランデンブルク侯フリードリヒにより新たに大学が作られ、文化的な中心としての機能も果たすことになる。ハレとは別のアムト（Amt 行政単位）として独立していたグラウハでは、ハレ市内で禁じられていたアルコールの醸造業者が何軒も立ち並び、日雇いや傭兵稼業など不定期労働者の住人が多く、いまだ産業革命以前、近代的な意味での都市問題は認識されていなかったが、飲酒の問題や治安の乱れなど近代の都市問題に通じる事柄もすでに見られている。

フランケが社会改善事業に取り組む契機となった——少なくともフランケはそこに神意を見た——「四ターラーと一六グロッシェン」が献金箱に集められた一六九五年以後、フランケに託された数人の孤児たちの養育・教育活動から、地域の貧しい子供たちや一般市民の子弟の教育へと事業が急拡大するなかで、フランケは事業のコンセプトについてひろく情報を流布し、支援者と寄付とを募ろうとしていた。その際、拠点のひとつとなったのは、やはり宮廷だった。ベルリンの宮廷には敬虔派がいたし、ロンドンのアン王女とジョージのもとにはルター派の宮廷説教師および秘書官がおり、そのなかにもフランケにも近い敬虔派がいたのである。名誉革命で即位したウィリアムとメアリーに子供がいなかったため、このカップルは早くから王位継承者と目されていた。この夫婦を囲むドイツ人のなかでも、オリエント言語学の嚆矢ともいわれるホルプ・ルードルフを叔父に持ち、この叔父のもとで敬虔派指導者シュペーナーの薫陶を受けたハインリヒ・ヴィルヘルム・ルードルフ（Heinrich Wilhelm Ludolf, 一六五五—一七一二）の人脈は重要だった。エアフルト出身で多数言語に通じたルードルフを通じて、一六九八年のＳＰＣＫ（キリスト教知識普及協会）設立メンバーの一人、著名な医師で王立協会会員のフレデリック・スレア（Frederick Slare, 一六四八—一七二七）など、イギリスの多くの知識人、文化的、宗教的指導者たちとフランケはつながっていた。ルードルフの日記の断片には様々な機会に出会った様々な国の好印象の人物リストがあり、イギリス人ではとくに一六九六年にルードルフがロシア語文法書を出版したオックスフォードとのつながりが見て取れる。

教育事業についての最初のコンタクトはおそらくイギリス側からもたらされたもので、ハレの孤児院学校での教育法に通じている学生をハレからイギリスへ派遣してほしいとの要請が届いたこととされる。ルードルフの書簡からは、一六九六年にルードルフがロンドン主教コンプトンおよびカンタベリー大主教テニソンに面会したことがわかっていて、イギリス国教会の主教とフランケの間で秘密の文通や現存しない書簡が存在したのではないかとも述べられてきた。史料として裏付けが確かなのは、「イングランドのある博士（Dr.）の要望により」ハレからフランケの教え子である二名の神学生が、フランケを通じてイングランドへ派遣されたということである。[11] 一六九九年、フランケの命を受けたメーダー（**Johann Christoph Mehder**）とヴィガース（**Jacob Bruno Wigers**）の二人はロンドンへ向かい、そこでハレの事業の宣伝をし、寄付を募ることになった。ロンドンにつくとすぐに、できたばかりのＳＰＣＫの会合に参加していることは興味深いが、さらに二人はロンドンにとどまってフランケの学校をモデルとする貧しい子供のための学校を設立し、多くの生徒を集めた模様である。

その後、説教師としてフランケから派遣されたアントン・ヴィルヘルム・ベーメ（**Anton Wilhelm Böhme**, 一六七三―一七二二）は、一七〇一年にロンドンへ来るとまずドイツ人の子供のための学校を設立している。より大きな働きは、スレアらの支援の下で一七〇五年に広告パンフレットとも言えるフランケの著作**"Fußstapfen**（足跡）**"**の要約である**"Pietas Hallensis"**を英語で出版したことである。[12] その前書きによれば、この英語の著作出版は、一

（10） Werner Freitag/Michael Hecht/Andrea Thiele, Residenz und Stadtgesellschaft, in: Werner Freitag/Andreas Ranft (Hg.), Geschichte der Stadt Halle, Bd. 1, Mitteldeutscher Verlag, Halle, 2006, S. 261-313.

（11） Schunka, *op. cit.*, S. 88; Brunner, Chapter 3.

（12） Seegens-volle Fußstapfen des noch lebenden und waltenden liebreichen und getreuen GOttes/ Zur Beschämung des Unglaubens und

六八七年にオックスフォードで“Pietas Romana”,“Pietas Parisiensis”が出版され、カトリックの慈善活動を広めようとされていたことを意識したという。

フランケの事業を可能にしていた資金は、特に初期には寄付による部分が大半だったが、イングランドでも多額の寄付を集めていた。寄付のみならず、イギリスではイギリスから留学する生徒のための奨学金が設けられ、例えばスレアは男子生徒二五名のための枠（Englische Tafel/England Table と呼ばれた）の出資者となった。ピエタス・ハレンシスの第二版（一七一六年）が刊行されると、その五〇〇部をＳＰＣＫが購入し会員に配布している。これをアメリカで読んだ読者が、学校を開設するために教え子を派遣してほしいとフランケに依頼してくるなど、その宣伝効果はアメリカにまで及んだ。ハレの孤児院教育はひろく知れ渡り、ジョージ王配は一〇〇〇ポンドを寄付（一七〇六年）、アン女王は毎年六〇ポンドで一二名のドイツ人生徒が毎日二時間英語の授業を受け、翻訳の手伝いをするように寄付をしている。

イギリスからハレへ渡った生徒のことも具体的にわかっている。一七〇六年にイギリスをたった男子生徒三名のうち一人は六年の留学の後に帰国して、ロンドンでメーダーとヴィガースの学校教育を手伝い、その後自身の学校を設立している。この事例からは、イングランドからハレへの留学の目的が、ラテン語やギリシア語などの聖書学に必要な高度な古典語の習得と、救貧事業や教授法を学んでイングランドへ持ち帰ることであったことがわかる。留学生には帰国後教師として子供たちを教えることや、教員養成にあたることが期待されていた。興味深いのはオリエントへの当時の関心のもたれ方で、富裕商人が貿易のために子弟にオリエント言語を学ばせようとしていた例もみられる。

フランケにとって、みずからの事業への理解を広め、寄付を募る対象としてのイングランドとのつながりは、このように成功裏に構築されたと言える。しかしフランケのイングランド、ＳＰＣＫとのつながりには、もうひとつの狙いがあったと考えられる。外国への進出と植民地への宣教の問題である。次に見るライプニッツへの書箇でも明らかなように、救貧・教育事業と並んで非ヨーロッパ世界への宣教は、フランケにとってハレでの救貧・教育事業とおなじくらい重要な使命であり、SPCKとのつながりを求める背景には海外の状況について知ろうという気持ちがあった。しかし、フランケの海外宣教活動はイングランドよりもむしろデンマークとのつながりを通じてデンマーク領西インドへの宣教として結実していく。

対するSPCKの関心は国際的なプロテスタント勢力の強化とそのために教会がとるべき方策、すなわちプロテスタント諸教派合同や連携の推進、そしてその際の国教会の影響力の維持と強化にあった。SPCKの活動には国内外での宣教と監獄の改善などチャリティーのほか、救貧・教育活動が含まれたが、それはもっぱら連携やコーディネートの働きで、フランケの施設（**Anstalten** あるいは **Stiftungen** と言われる）が事業主体となったほどには、SPCKそのものの主体性は前面に出てこない。ハレの事業とSPCKの活動における教育事業の詳細な比較はブルンナーの著作に譲るが、治安維持としての救貧や宗派間での影響力競争など、当時のイギリス独自の事情が貧民や児童教育の取り組みに反映しており、同時期のハレを中心とするドイツ敬虔派の間で共有されていた救貧と教育にかんする認識とは違いが見られた。とくに救貧事業についての考え方の違いは、SPCKとフランケとのつながりでも微妙な温度差を感じさせたと考えられる。さらにSPCKが関心を寄せていた教会合同について、フランケをはじめとするルター派敬虔派はそもそも積極的ではなかったことの影響は大きいだろう。[13] フランケを最初の在外会員にするなど、SPCKはフランケとのつながりを重視して、イングランドからは多数の手紙が寄

Stärckung des Glaubens entdecket durch eine wahrhafte und umständliche Nachricht von dem Wäysen-Hause und übrigen Anstalten zu Glaucha vor Halle: Welche im Jahr 1701. zum Druck befördert; 英語版は *Pietas Hallensis: Historical Narration of the wonderful Foot-steps of Divine Providence In effecting, carrying on and building the Orphan-House, and Other Charitable Institutions, at Glaucha Near Hall in Saxony. Continues to the Beginning of the Year 1702, in a Letter to a Friend*. London, 1705.

（13） Brunner, *op. cit.*, p. 74.

せられたが、対するフランケによる返信は遅れに遅れ、半年、一年と相手を待たせている。忙しさを理由に謝罪しているが、フランケの消極的姿勢が見て取れる。教育事業に関しては、ハレにおいては最終的にイギリスからの寄付と生徒の受け入れ以上の展開にはつながらなかった。

イングランドの学校での困難

ロンドンへ派遣されたメーダーとヴィガースは、資金難になるとSPCKのメンバーに助けられているが、イギリスの支援者たちは二人の学識と教師としての力量をおおいに評価していたようである。ジョージ王配付き宮廷牧師メッケン（Mecken）の子供の教育を任されたり、メーダーに至ってはメリーランドへ教師として赴任しないかと持ち掛けられ、ロンドンを離れることはフランケが禁じているとしてこれを断っている。またチャリティースクール活動に熱心だったブリッジズ（Bridges）は、二人を教師としてSPCKが雇用することを考えて、推薦状を書いてくれるようにフランケに依頼している。ハレでもそうだったようにロンドンでも、貧しい子供の教育が評判を呼んで、同じ方法で自分たちの子供を教育するグラマースクールを作ってほしいという富裕層の声が聴かれていた。学費を払える層の子供も教えれば貧しい子は無料にできるのだが、ここで問題となったのは、ラテン語や数学を教える場合には、カンタベリー大主教から教師としての資格を得なければならないことだった。国教会から教師の資格を得ることにメーダーとヴィガースは不安を覚えた。国教会とルター派の間の教義の違い、ことに聖餐理解を巡る国教会の共通祈禱書とルター派の和教信条の規定という――神学的に歴史ある――重要な違いもあり、彼らの良心は穏やかでなかった（一七〇三年）。また、国教会にあまりにも同化することは、金のために教育をしていると悪く言う在地のドイツ系ルター派信者による敬虔派批判を勢いづかせることにもなった。二人はフランケの意向を確認しようとして、国教会の教理（カテキズム）授業は国教徒が行うことにする提案もしている。結局、二人は資格を取ることなく、彼ら独自の学校（English School）を設立し、すでに一七〇一年の夏には五〇名の生徒が集まった。この学校活動でもスレアが資金やアイデア面で支援をして、上層家庭の子供から授業料を取ることを勧めた。貧しい子供からは無料で教えることをなお続けている旨、ヴィガースはフランケに報告している。一七〇三年には生徒数は一〇〇を超えたという。非国教徒を標的とした一七一〇年の暴動（Sacheverelle Riot）も乗り越えた彼らの学校だったが、一七一四年以降は状況がわからなくなってしまう。この年、アン女王の崩御により、イングランドがハノーファー家から統治者を迎えたことは、ロンドンでのドイツ人の活動と無関係ではないだろう。イングランドでも大陸でも、敬虔派による教育活動はこのころ、宗派的な反発と外来者に対する地元勢力の抵抗に直面していた。

ライプニッツとの文通

フランケとルードルフの人的ネットワークには、ヤブロンスキーのほかにもプロテスタントの教派合同を目指した人物がかかわっていた。数学者として知られ、ベルリンのアカデミー創設者でもあり、Universalgenie（万能の天才）と呼ばれるゲオルク・ヴィルヘルム・ライプニッツ（Georg Wilhelm Leibniz, 一六四六―一七一六）である。ライプニッツが一六九七年『最新中国情報（Novissima Sinica）』を出版すると、[14]その二か月後にはフランケが手紙を送って両者の文通が始まる。全体でフランケからは五通、ライプニッツからは六通の書簡が出されたことがわかっている。[15]中国やオリエントでのイエズス会士らカトリックの宣教活動を念頭に、プロテスタントの側の同様

(14) 一六九九年刊行の第二版邦訳は、山下正男訳「最新中国情報」、下村寅太郎、山本信、中村幸四郎、原亮吉（監修）、山下正男、谷本勉、小林道夫、松田毅（訳）『ライプニッツ著作集一〇　中国学・地質学・普遍学』工作舎、二〇一九年、九一―一一〇頁。

(15) ライプニッツの書簡の刊本は以下。Leibniz Samtliche Briefe. Gesamtausgabe Akademie-Ausgabe, Bd. I, 1714; フランケとの文通については Gerda Utermöhlen, Das Echo auf die Novissima Sinica im Kreise des hallischen Pietismus, in: Hans Poser et. al. (Hg.),

のはロシアへの関心だった。ライプニッツの著作からロシア皇帝ピョートルのヨーロッパ訪問について知ったフランケは、この機会をとらえて、皇帝周辺でロシア宣教への支援者を獲得しようとしたのである。フランケはライプニッツに公益と学識の涵養、文化伝達に尽力することを惜しまない人物像を見て取った。返事の書簡でロシアとコンタクトをとるのに適した人物としてライプニッツが推薦したのはルードルフで、ルードルフとフランケとの既存のつながりについてライプニッツには思いいたらなかったようである。いずれにしろこれを機に、ライプニッツは孤児院学校に寄付をするなど、フランケの教育事業に理解を示すとともに宣教活動でも協力しようと努めた。

二人の最後の文通となる一七一四年の手紙では、フランケは学問と教育の重要性を強調しつつ、ライプニッツにたいして敬虔主義（"pietismus"）とは、聖書と真の敬虔の学究（studium sacrarum litterarum, et verae pietatis）の呼び名にほかならず、悪意ある人々のせいで、不注意で信じやすい人々が誤って疑念を抱くことになっていると正当化したうえで、そもそもこの呼び名はライプチヒ大学の神学者たちの誹謗中傷で、一七〇〇年には委員会の徹底した調査の結果、教義上の誤りがないことは選帝侯フリードリヒによって宣言されており[16]、敬虔派とは決して狂信的な、異端的な分派ではないことをわかってほしいと、シュペーナーの論文を同封して訴えている。そのうえで、ハンガリー（とトランシルヴァニア）からハレへ学びに来、学業を終えて帰国した教え子たちが、かの地で教師としての受け入れを拒まれ、教育活動を妨害されていることを伝えて、皇帝がこの件で敬虔派のために介入してくれるよう、働きかけてくれないかと求めている。これらの学生の多くは奨学金で学ぶことが可能になった貧しい者たちで、帰国後の振る舞いにも何も問題はないにもかかわらず、かの地の大学教授が敬虔派への偏見をあおっているのである。さらにライプニッツ自ら、ハレの施設で貧しい者や若者が養育される様子を見てほしいし、王や大臣たちにも目にしたことを伝えてほしいと求めている。

当時ライプニッツは皇帝カール六世のヴィーンの宮廷にいたが、教義に誤りなく、諸信条を告白し、キリスト教を実践しているのだから、どうしてセクトのはずがあろうか、と敬虔主義に対して理解を示している。そしてフランケの要請にたいして、教師としての受け入れを拒まれたフランケの教え子たちのために、ハンガリー王として介入するよう皇帝に働きかけると応じている。そのうえで、自分の見解では青年の教育を改善することは最重要であり、そのためには神への畏敬の働きと学究促進とが一つになることを常に望んできたと答え、皇帝にアカデミーの設立を働きかけていることを伝えている。(17)

以上から明らかになったのは、まずフランケは信仰と社会の状況のキリスト教的改善という共通目的のために、国を超え、教派を超えて協力することは望ましいが、改革派やイギリス国教会との連携に消極的だったということである。教義や典礼の面での合同を目指すことには、ほかのグループほどには意義は見出しておらず、むしろ国家間関係、政治がらみの教派合同を警戒していた。

また、キリスト教的改善の目標の下でＳＰＣＫ会員に代表されるイギリスの慈善事業者と共有していたのは「信仰と社会の改善」、具体的には貧民、特に貧しい子供たちによい教育と養育環境を与えることで、将来の社

Das Neueste über China: G. W. Leibnizens Novissima Sinica von 1697, Steiner Verlag, Stuttgart, 2000, S. 311-331.

(16) フランケの書簡史料の画像とトランスクリプションはオンラインで閲覧可能。https://digital.francke-halle.de/mod5a/content/titleinfo/307808（最終閲覧二〇二三年一〇月三〇日）

(17) Leibniz Samtliche Briefe. Gesamtausgabe Akademie-Ausgabe, Bd. I, 1714, N. 26: “[...]Aber das wichtigste ist, meines ermeßens das man die Erziehung der jugend zu verbeßern trachte. Daher ich allezeit gewündschet, daß das werck der Gottesfurcht mit der beforderung der wißenschafften wohl vereiniget werden möchte. Zumahlen die wißenschafften das beste liecht geben zu der Natürlichen Erkentniß Gottes, dadurch die offenbarte Religion befordert und bestärcket, und vermittelst der aüserlichen betrachtungen der gottlichen wercke die innerliche gnade der göttlichen liebe mehr und mehr erwecket wird.”

会・世界は良くなり、また良くしなければならないという信念・信仰だった。さらに教育と学究の重要性はライプニッツのような当時最先端の知識人とも共有していた。敬虔派の活動には抵抗もつきもので、活動のための支援と保護を期待して、支配層との結びつきを得ようとし、ブランデンブルク選帝侯領やイングランドではそれが実を結び、皇帝が支配するハンガリーでも状況打開を図った。

フランケとライプニッツとの書簡のやり取りからは、敬虔主義というレッテルで事業がどういった妨害に直面していたのかがわかる。イングランドとハレの孤児院学校のつながりについてはブルンナーの著作に詳しいが、一七世紀終わりから一八世紀にかけてのハレでの活動が、同時期のＳＰＣＫの活動やイングランドでのチャリティースクールの広がりに与えた刺激は、より一層認識される必要があるのではないだろうか。イングランドでのルター派の教育活動は非国教徒としての活動で、共通祈禱書と和協信条 formula concordiae との内容的違いは時代状況に応じ時として問題を生み、カテキズムやラテン語・数学教育を難しくした。そこで防壁の役割を担ったのは、ＳＰＣＫのメンバーや、デンマーク王子である王配、アン女王など宮廷との人的つながりだったのである。

二　ハンブルクの貧民学校

ハンブルク

前節では、イギリスと大陸ドイツ語圏の政治的つながりと密接に関連していた宗教的ネットワークに注目して、救貧・教育事業を巡る交流と、そこに現れた困難とその克服の試みを見た。しかしイギリスと大陸のつながりを考えるには、経済活動を忘れることはできない。ヨーロッパ規模、さらにはその外までを覆うに至った商人たちのネットワークのなかで、商人が政治・文化的な指導的地位にあった一八世紀のハンブルクは、国外、海外からの影響、そしてとりわけイギリスからの影響がドイツ語圏でまずはじめに及ぶような都市だった[18]。それは新しいジャンルの雑誌の刊行や、商人を中心とした啓蒙主義者らの協会結成、社会改善運動にも見ることができる。経済活動がけん引する、文化的、社会的活動である。

ハンザ都市ハンブルクはルター派への宗教改革以降、ルター派のみに市民権を認める市参事会のもとにあった帝国都市だったが、貿易都市としてイングランドをはじめとする海外へ開かれていた。また低地地方やオランダにも近く、一九三七年に編入されるまで隣接する市外区としてハンブルクからは独立し、一六四〇年以降はデンマーク王領となったアルトナでの寛容政策は、低地地方を追われたカルヴァン派のほか、メノー派などの再洗礼派を含むキリスト教異宗派や、ポルトガルから逃れたユダヤ教徒などを招き入れ、異宗教、異宗派間の接触や交流が日常的な環境でもあった[19]。市政の担い手が商人であり、イングランドやオランダと行き来が盛んであること、また隣接するアルトナの存在は、ルター派都市ハンブルクが地理的にも思想的にも頻繁に新しいものに触れることにつながったが、それはまた、この帝国都市でルター派聖職者を中心とする反発を生む潜在的な要因ともなった[20]。例えば一五六七年にアントワープからハンブルクへ逃れてきたイギリス商人は、居住と商売、英国国教会式

(18) もっともハンブルクはイングランドから受け入れるばかりでなく、ハンブルクからイングランドへと技術や技術者が渡っていく関係でもあった。その顕著な例のひとつとして精糖産業がある。Margrit Schulte Beerbühl, "Germans from Hannover in the British Sugar Industry, 1750-1900", in: Stefan Manz/Margit Schulte Beerbühl/John R. Davis (eds.), *Migration and Transfer from Germany to Britain 1660 to 1914: Historical Relations and Comparisons*, Walter de Gruyter, Berlin, 2012, p. 43-58. ブリストルでの砂糖の輸入とハンブルク貿易については、一柳峻夫「ブリストル商人の経営構造――貿易の多角的システム」、深沢克己『国際商業』ミネルヴァ書房、二〇〇二年、一四一―一七〇頁。

(19) なお一七六三年にはヘルンフート派の拠点ができている。

(20) Ingo Sengebusch, "Die Reformierten in Hamburg. Ein Längsschnitt durch die Geschichte von ihren Anfängen bis zum Jahre 2012", in: Inge Mager (Hg.), Das 19. Jahrhundert. Hamburgische Kirchengeschichte in Aufsätzen, Teil 4 (Arbeiten zur Kirchengeschichte Hamburgs, Band 27), Hamburg University Press, Hamburg, 2013, S. 483-566, S. 502.

の礼拝まで保証される契約を参事会と結ぶことができたが、ハンザや皇帝からの批判を受けて一五八七年にはハンブルクを去ることを余儀なくされ、一時期居住地をシュターデへ移すような事態も生じた。なお、このイギリスの商人たちは結局一六一一年には再びハンブルクへ戻って来ている。

明確なルター派帝国都市でありながら、このように多宗派的でもあったハンブルクにおける敬虔派の存在感をバランスよく評価するのは簡単ではない。ハンブルク近世史では、敬虔派の影響の見られた時代とそれに続く啓蒙主義の時代というように、敬虔主義と啓蒙主義とは大筋前後関係として、一七世紀にはオペラ劇場を巡る敬虔派と反敬虔派（ルター派正統主義）の激しい対立などがあったにしろ、敬虔派的な宗教的熱情は乗り越えられて啓蒙の時代を迎えるという流れで描かれる。[21] しかし一九世紀までを視野に入れれば、啓蒙期に続いてヴィッヒャーン（Johann Hinrich Wichern, 一八〇八—一八八一）らに代表されるキリスト教的社会事業の時代が来る。そのことを思えば、ハンブルク都市史における宗教的モチーフは、啓蒙期に下火になったようでも地下水脈のように一貫して流れ続けていたのではないだろうか。端的に敬虔派の主要人物とハンブルクのつながりを拾ってみても、オペラ座反対運動で先頭に立った聖ニコライ教会主任牧師ホルプ（Johann Heinrich Horb, 一六四五—一六九五）の妻はシュペーナーの妹であったし、フランケが奨学金を得てヘブライ語学習のために滞在したのはハンブルクであった。また寡婦となってフランケが設立したハレの女子校ギネケウム Gynäceum で働いていたアマーリア・ロズィーナ・クルチウスは、ハンブルクの聖ミヒャエリス教会主任牧師ヴィンクラー（Johann Winckler, 一六四二—一七〇五）のもとで幼少期を過ごした。[22] スイス・バーゼルを本部とし一七八〇年に設立される敬虔派の協会、ドイツ・キリスト教協会の支部もまた早い時期にハンブルクに設立されている。[23]

そこで以下では、啓蒙主義的活動の一環と目され、公益協会活動の成果としてドイツ語圏の他地域に先駆けて一七八八年につくられたハンブルクの救貧制度を、とくにそこでの宗教の位置づけに注目しながら検討したい。まず宗教改革期の救貧制度設計から一八世紀までの展開を概観するが、その要点を先取りすれば、急激な商工業の発展と住民人口増（一七世紀末には六万人）を前に、ことに下層民の物乞いの急増には、居住者を対象とした教区を基本とする救貧制度では対応しきれなくなったということ、またその一方で、都市内の貧困問題への市民の関心と、経済力のある市民層による貧民への寄付は一貫して絶えることがなかったということである。

宗教改革後のハンブルクの救貧制度[24]はルターの片腕ブーゲンハーゲン（Johannes Bugenhagen, 一四八五—一五五八）に由来し、四つの教区 **Kirchspiele**（一七世紀の半ばには聖ミヒャエリスが加わり五つに増える）の救貧基金 **Gotteskasten** と、そのそれぞれと契約を結んだ中央救貧基金 **Hauptkiste** から構成されたが、この中央での一元的管理はその後限定的にしか機能しなかったらしく、問題視されることになった。救貧の責任者としては教区に一二名の執事 **Diakon** がおり、さらに各教区からの一二名、合計四八名を代表する一二名は上級長老 **Oberalte** として、中央救貧基金、およびこれと会計をともにする二つの救貧施療院 **Hospitäler** を運営した。この四八名の市民団 **Bürgerschaft** は市参事会に対し、救貧事業を含む教区自治を代表する市民組織として一八六〇年まで機能した。ペスト禍を機に一五九五年には孤児院とペスト施療院が新設され、一六二二年には労働‐矯正院 **Arbeit‐und‐Zuchthaus** が設けられた。中世に設立された巡礼・貧民宿舎であった聖霊院 **domus sancti spiritus** は一五五九年に

(21) 二〇二一年刊行の『敬虔主義ハンドブック』では、急進派の影響や人的ネットワークなど重要な事柄が、オペラを巡る紛争を中心に簡潔にまとめられているが、一七〇〇年前後のハンブルクの状況について研究の不足が訴えられている。Ruth Albrecht, Hamburg, in: Wolfgang Breul (Hg.), Pietismus Handbuch, Mohr Siebeck, Tübingen, 2021, S. 219-225.

(22) Ulrike Witt, Das hallesche Gynäceum 1698-1740, in: Schulen machen Geschichte. 300 Jahre Erziehung in den Franckeschen Stiftungen zu Halle, Verlag der Franckeschen Stiftungen, Halle, 1997, S. 85-104, S. 93.

(23) 拙稿「バーゼルから見る」二〇二〇年を参照。

(24) 一七八八年の改革までのハンブルクの救貧制度については Frank Hatje, »Dieser Stadt beste Maur vndt Wälle«. Frühneuzeitliche Armenfürsorge und Sozialbeziehungen in der Stadtrepublik, in: Sebastian Schmidt, Jens Aspelmeier (Hg.), Norm und Praxis der Armenfürsorge in Spätmittelalter und früher Neuzeit, Steiner Verlag 2006, Stuttgart, S. 203-217.

収容者数を三倍規模に拡張していたが、一六二八年にはハンブルク市民のための救貧院へと改変される。さらに教区救貧簿に記載された貧民の看護のための病院が一六三二年に完成している。

宗教改革後の一世紀のうちにこれだけの施設が次々に設立されていくことも興味深いが、目を見張らせられるのは、こうした救貧院や施療院の財源の約半分が、市民の遺産や洗礼式、結婚式から参事会員就任などの祝事の際や証券取引所での儲けにおよぶ、折々の市民の寄付だったことである。宗教改革後の一〇〇年間には、寄付ブームといえるような盛んな寄付があり、そのほとんどが救貧院、孤児院とそれに付属する四〇〇に上る住居を対象にしていた[25]。寄付の額は時期により増減があり、寄付の対象とされる施設の偏りもあって、その意味では財源基盤としては不安定な点もあった。しかし施設の多くは不動産などの資産も所有していたことから、院内の救貧事業を行う上では財政難が問題となることはなかった。寄付を集める箱は上述の証券取引所のほか、居酒屋や施療院の門など至る所にあったが、さらに半年ごとに各家を訪問して寄付を集めることもなされていた。慈善行為が贖罪行為として数えられ、罪による負債を埋めることにもつながると説いたカトリックとは対照的に、救済のエコノミー（ギリシア語でオイコノミア。元来「家の管理」を意味し、そこから「神による救いの営み、救いの計画」の意味で教父によって用いられた。ドイツ語ではHeilsökonomie）とは教義上切り離されていたルター派の都市では、特に一七世紀以降、慈善に対する市民の無関心や道徳的弛緩が問題となっていた。フランクフルトにおける牧師シュペーナーのように、敬虔派たちは市民の慈善への不熱心に対してしばしば声を上げざるを得なかったことを思うと、ハンブルクにおけるこうした寄付への熱意に敬虔派の影響を間接的に見て取れるのかもしれない。

このような寄付への熱意と礼拝出席率が連動していなかった点も注目に値する。日曜の主日礼拝の際に献金袋で集められる献金は、登録されている貧民に貧民手当Armenlohnungenとして与えられるが、例えば聖カタリナ教会では、礼拝出席が減少した結果であろう、一七六〇年から献金額が減っている。他方で新年に集められる貧民のための献金や、孤児院の新設のための献金は、想定されていた以上の額に達している。

上流階層の名士である教会執事が実際に貧民に接するのは、毎週の教理教育（カテキズム）と年に二回のカテキズム試問の機会だった。敬虔派の執事はこれに熱心であったが——あるいはこれに熱心である執事は敬虔派的だとみることもできるが——ハチェによれば、聖カタリナ教区ではカテキズム授業はおざなりになり、実施回数が減っていた。一八世紀なかば以降には、カテキズム授業に執事が立ち会わない事例が増えていく。また一般に、啓蒙主義の広がりを測るバロメータとして、どの教理問答書が用いられたかが問われるが、ハンブルクでは一七五三年から教理問答書が新しくなり、貧民たちにこれを配布するための支出が救貧基金に見られる。この新ハンブルク教理問答書（Der Neue Hamburgische Katechismus）には啓示宗教としてのキリスト教のみならず、自然宗教的な内容も含まれ、啓蒙主義的キリスト教（ネオロギー Neologie ともいわれる）[26]が都市の主流になっていたことがわかる。受け手である貧民の側へのその影響や、彼らによる受け止めについてはここでは掘り下げないが、配布された教理問答書の表紙には「売却しないように」との注意書きがなされていたという事実から、おおよそは推し量りうる。

救貧基金令 Gotteskastenordnung では、在宅貧民を訪ね、必要なものを確認し支援をすることになっていたのも執事だったが、実際には訪問して貧民に接していたのは執事ではなく教会の下役で、執事は貧民の状況に即した必要を把握していなかった。[27]もっとも、注意を受けた執事が以後決まり通りに義務を果たしたという例もあって、

（25） ibid., S. 210.

（26） Walter Sparn, Religiöse und theologische Aspekte der Bildungsgeschichte im Zeitalter der Aufklärung, in: Notker Hammerstein/Ulrich Herrmann (Hg.), Handbuch der deutschen Bildungsgeschichte, Bd. II, 18. Jahrhundert, C. H. Beck Verlag, München, 2005, S. 134-168.

（27） Franck Hatje, Armenwesen in Hamburg und die Ausbreitung der Aufklärung in Bürgertum und Unterschichten zwischen Integration und Abgrenzung, in: Anne Conrad/Arno Herzig/Franklin Kopitzsch (Hg.), Das Volk im Visier der Aufklärung, LIT-Verlag, Berlin/Münster/London/ Wien, 1998, S. 163-197, S. 172.

執事となる市民の側には、都市の救貧のために寄与する用意が必ずしもなかったわけではない。上層市民の消極的な姿勢には、むしろ従来の救貧制度への懐疑を見て取るべきだと思われる。換言すれば、上層市民の認識に合致するより合理的な、都市社会の改善のための協会活動への素地があったのだった。

愛郷（愛国）協会による一般貧民施設と貧民学校（一七八八）

このように、施設や制度はすくなからず存在したものの、また運営資金も集められていたものの、市内の貧困の状況は改善されず、増え続ける貧しい貧民に対応しきれずに物乞いが街にあふれるというのが、一七八八年の救貧制度改革前のハンブルクの状況であった。ここでポイントとなるのは市民の寄付の熱心さであろう。教会出席率が低下していくとはいえ、貧しいものを助けるという意識そのものは必ずしも減退していない。貧困をなくそう、また物乞いする貧民を支援しようとする上層、中層市民のこうした関心と熱意は、一七八八年の改革のバックボーンとなった(28)。

資金も施設もありながら、貧困は解消せず物乞いも減らない。何がうまくいっていないのか。どうすれば貧困を解消できるのか。問題の根本はなにか。こうした問いに取り組んだのが、都市の参事会員や名士を中心メンバーとした愛郷協会 Patriotische Gesellschaft（一七六五年設立）であり、そこから生まれた総合救貧施設プロジェクトだった(29)。愛郷（愛国）協会は公益のための団体で啓蒙期に各地に設立されるが、ドイツ語圏ではハンブルクの協会が最初の設立で現在まで続く。その特徴は非党派的であること、宗教の違いによらず社会の改善・改良のために、無償で働くことにあるとする。ライマールスをはじめ啓蒙主義者が指導的な役割を担い、現在も啓蒙的価値に忠実であるとホームページに記載されているが(30)、高等教育機関や歴史協会、博物館、図書館など、市民社会に有益な数々の施設の母体ともなってきた。パトリオティスムス Patriotismus とは、近代的なナショナリズムを想定するにはまだ早い一八世紀、ハンブルクは神聖ローマ帝国を構成する領邦国家 Staat であったにせよ、愛国というよりも郷土への愛、愛郷という言葉の方が日本語としては適切かと思われる。(31) いずれにせよ郷土を愛する者 Patriot という概念は、すでに一七三三年に、ハンブルクで雑誌週刊誌 Die Patrioten の刊行とともに登場している。(32) 愛郷協会はローカルな問題についての専門的な意見交換と議論を目指し、問題解決の方策に関する懸賞でも知られる。救貧制度改革はそうした課題群に含まれ、その論調には伝統的なキリスト教的理念と慈善という規範の色調に加え、フィルアントロピー的・人間愛的な動機も見られた。また啓蒙主義的な自主管理の考えから、救貧への寄付は市民の理性的な経済行為と位置付けられ、貧者の姿は当事者の不道徳と結びつけられずに、客観的な原因で貧困を捉えている。こうした愛郷協会での意見交換や議論を経て、ドイツ語圏で他都市に先駆けてハンブルクで実現したのが、一般貧民施設 Allgemeine Armenanstalt であった。設立と運営の中心となった一人、カスパー・フォークト（Caspar Voght, 一七五二—一八三九　のちにヴィーンでの救貧制度改革の功績により男爵となる）は、ヨーロッパ各地を股にかける貿易商人としてイギリスの事情にも通じており、イギリスの事例を参考にハンブル

(28) ただし有産市民の側に物乞いへの施しの用意があることは一七八八年に市が物乞い禁止令を出すことにもつながったが、にもかかわらず市民の側からの施しが止まず、結果として働かない貧民と物乞いの存在を容易には無くせなかったことにもつながっていく。物乞いとの戦いは、施しという市民の振る舞いとの戦いでもあった。
(29) Sigrid Schambach (Hg.), Stadt und Zivilgesellschaft. 250 Jahre Patriotische Gesellschaft von 1765 für Hamburg. Geschichte-Gegenwart-Perspektiven, Wallstein, Hamburg, 2015.
(30) https://www.patriotische-gesellschaft.de/（最終閲覧二〇二二年八月三〇日）
(31) Rudolf Vierhaus, "Patriotismus"- Begriff und Realität einer moralisch-politischen Haltung, in: id. (Hg.), Deutsche patriotische und gemeinnützige Gesellschaften, Kraus-Thomson Organization, München, 1980, S. 9-30.
(32) Helga Brandes, Moralische Wochenschriften, in: Wilhelm Haefs und York-Gothart Mix (hrsg.), Von Almanach bis Zeitung. Ein Handbuch der Medien in Deutschland 1700-1800, C.H.Beck, München, 1999, S. 225-232.　これはイギリスの同様のジャンルの雑誌に倣うように発刊された啓蒙雑誌（Moralzeitschrift）のひとつで、ドイツ語圏ではハンブルクで初めて刊行されて人気を博すと、各地で同様の雑誌の発行が相次いだ。

クでの改良を構想している。フォークトによる救貧施設設立の直接のきっかけとなったと言われるのは、刑務所改善活動に取り組んでヨーロッパ各地を視察していた社会活動家ジョン・ハワード（John Howard, 一七二六―一七九〇）が一七七〇年にハンブルクを訪問した際にその案内を務めたことだった。プランの実現は、協会が市参事会に委託する形をとっており、施設は公的なものだった。フォークトのビジネスパートナーでもあった参事会員ゲオルク・ハインリッヒ・ジーフェキンク（Georg Heinrich Sieveking, 一七五一―一七九九）をはじめ、この企画にかかわった協会員の多くは参事会員でもあった。

救貧施設の企画書は、聖ミヒャエル教会の説教師を父に持ち、アカデミッシェ・ギムナジウムや商業高校で教鞭をとった教育者ヨハン・ゲオルク・ビュッシュ（Johann Georg Büsch, 一七二八―一八〇〇）の手による。[33]この企画書の参考文献には、カンペ、ロホウなど啓蒙主義的教育者の書物のほか、フランケが設立したハレの貧民学校の教員のための指示書も含まれている。企画と運営も含めて、貧民施設の核となっていたのは「学習」だった。[34]貧民施設は教区に基盤を置かない自立した公的権限 Recht に基づく施設として構想され、運営は官僚的、専門的、規範的であり、そうした点でハンブルクでも初めての試みだった。貧民は、たとえ一シリングであれ、働く限りにおいて対価として手に入れるという指導と監督のもとにおかれ、理由なく何かがもらえることを無くすことが目指された。監督役 Vorsteher を別にすれば、一八〇名ほどいた貧民保護役 Armenpfleger のほとんどは上層、あるいは中流市民だったと推定されている。施設運営には有給で雇った働き手もいたが、多数は無償の働きだった。この計画では財政難になると懸念する意見もあったが、ビュッシュは「多額の私的な寄付により、ハンブルクでは救貧事業がなされてきたし、事業が組織的になされれば、この資金をより効果的に用いることになり、ハンブルクの国民経済（Volkswirtschaft）の観点からも費用を削減することにさえなる」と主張し、これが受け入れられて、市民の賛同を得た。

貧民施設の柱は紡績所、施療院、そして子供のための勤労訓練学校だった。この施設は「労働力以外を持たない、しかしハンブルクの国民経済にとって重要な階層」を対象とし、労働力としてその潜在能力を維持し、手に職をつけさせることは必要だとされた。家庭での麻の紡績で生計が十分に稼げない場合には給付金が出された。紡績工らはどれだけ勤勉に働いたかの記録をノートに記載することになっており、読み書き能力がないものもそれを身につけることは前提だった。正しい金銭感覚が身につかないとして現物給付は避けられた。

開校の半年後には五一五名が紡績学校を卒業したが、紡績で身を立てたものは全体の四分の一に過ぎなかったとみられる。この現実に触れて、施設設立時の関係者の間の高揚感は次第に冷め、働こうとしない貧民にどう対処するべきかが改めて議論となった。強制的に労働させることについては教育的観点から望ましくない影響が想定され、教育委員会の議事録にそうした議論の痕跡が記されている。強制的労働は六週から最長でも一二週間に限定し、男性は木材、女性は紡績の仕事にあたらせることとなった。強制労働施設の環境の悪さは責任者自身が認めるところで、議論が重ねられた。その結果、少なくとも子供と若者は矯正院での処罰からは除外することが決められたのは、一八〇七年のことである。(35)

子供たちの教育

一七八九年の史料には、キリスト者として、また市民として、知っているべきこと、有益であることを貧民の子供たちが学ぶように手配する必要があると書かれている。子供にふさわしい仕事は――近世以来の定番だが――麻糸の紡績であり、青年になると麻に代わって紐 Bindegarn の製造となった。女児は麻のほか、年長になると羊毛や木綿の紡績、さらに縫物、織物、刺繍がこれに加わった。人生の最重要義務である有用な業 Tätigkeit

---

(33) Franck Hatje, Georg Büsch, in: Schambach, S. 30-31.
(34) Hatje, Armenwesen, S. 175, Fn. 38.
(35) *ibid.*, S. 183.

と能力の正しい用い方を知り、これを若い時から「自然の掟として」自らに刻み付けることが求められた。規律の順守、規則正しいふるまいなど、労働による教育効果が目されているが、実際にはすでに日常的に何らかの形で働いていただろう子供たちが、仕事のない冬にのみ紡績学校に来る場合が多く、中断なく継続して働いて技術を身につけるという教育目的は実現しにくかった。(36)

学科の教育はレーアシューレ Lehrschule と呼ばれた。七歳以上の子供は就学対象だったが、生徒たちの年齢はまちまちだった。授業科目では、計算も教えるが、読み書きを中心に授業の進度が決められ、聖書のほか、当時の教材となる多くの書物、『困ったときの手引きの本（Noth-und Hulfsbuch）』、『子供の友』やペスタロッチなどによる教育書は子供たちになじみにくかった。教室での言語は高地ドイツ語で、ハンブルクの庶民の日常会話が低地ドイツ語だった子供たちにとっては学校へ通うことを難しくする要因ともなった。レアーリエン Realien と呼ばれる、地球儀や標本をもちいた自然史や地学、理科の授業や、保健衛生・体と健康維持の知識も教えられているが、これらはいずれもハレのフランケの教育コンセプトが先駆であったことは別稿で述べたとおりである。(37)

堅信礼を受けると教育は終わるが、卒業年齢はまちまちだった。一七九二年の議事録によると卒業後の職業選択はまず個々の子供の希望を聞き、次に委員会が受け入れの需要を照会するのだったが、(38)フォークトは仲介の効率を考えて、堅信礼の前に職業訓練を受けさせて、子供自身が具体的な将来の展望を得るようにすることを提案している。また教師が折に触れ、その子供にあった職業に興味を持たせるような話をするように指示がでている。このように早め早めに実地で働かせようとすれば、当然ながら就学の機会は減ってしまう。こうした状況が、労働の合間をぬって、夕方以降の時間を使う夜間学校 Abendschule と、休日である日曜日を使う日曜学校の設立を促した。そもそも働き手である子供を通学させることは親にとっては負担であり、これに対処する必要から、子供がきちんと登校すると七シリングのプレミアが出された。その一方で、貧民学校へ通うことが決められていた家庭ではなく、働いて生計を立てることはできているが、子供の教育費が出せない親が、貧民学校に子供を入学させてほしいと依頼する事例も見られた。

学校と宗教とを管轄した宗務省（Geistliche Ministerium）の学校責任者ブラッケ牧師（Bracke）は、教育の目的は「子供の心に認識能力を養い、これを方向づけること、自分で考えることが習慣となるように注意力と判断力を鍛えること、道徳感情を呼び起すこと」だと述べている（一八〇一年）[39]。宗教の授業は週二日、それぞれ一時間あって、問答形式（ソクラテスのメソッドと言われる）で、子供たちと対話しながらすすめることになっていた。理解しないことをただ暗記させることは望ましくないとされた。キリスト教の根本について、暗記ではなく理解させることが目指されたのである。

宗教の授業では子供たちに堅信礼を受ける準備を施すことも大切な目的であったが、キリスト教の教義を「どのように」教えるかについては、ある種の困難がついて回った。一七八八年には、貧民委員会 **Armencollegium** によって募集された啓蒙的な聖職者が堅信礼準備授業をするようにとの提案が見られる。子供たちは「説教、教理問答書、信心書 **Andachtsbuch** を敬虔さをもって聞いたり読んだりするべき」であった。教科書となるべき教理問答書はどれにするのかも問われた。学校責任者や教師の目から見て、上述の一七五三年刊行のハンブルク教理問答書は、授業で使うには難しすぎたし、量も多すぎた。ルター派のカテキズムでは、ハノーファーで出されたものを除くと「適切でなく」、ルターによる小教理問答を詳しく学ばせること、その解説は教師に任せることとされた。さきのブラッケ牧師の報告によれば、教理教育は聖書物語を用いながらの聖書講読で補われていた。教師用図書室に置かれた蔵書のおよそ三分の一は宗教教育関連の書物だったといい、教科書である教理問答書だけ

(36) *ibid.*, S. 185.
(37) 拙稿「ハレ・フランケ財団」を参照。
(38) Hatje, Armenwesen, Fn. 69.
(39) *ibid.*, Fn. 85.

では足りず、教師がいかに多くの書物で独自に準備しなければならなかったかが想像される。(40)

日曜学校

日曜学校は、特に現在の日本では、とくに子供を対象にキリスト教に触れる機会を提供する宣教活動に位置づけられ、読み書きや計算などの近代的な意味での教育機会ではないものとして理解されている。しかし日曜学校Sunday School / Sonntagsschuleの始まりは、主日、聖日であるはずの日曜日に、誰からも顧みられず捨て置かれたような貧しい子供たちや、貧しくて学校に行けない子供たちに読み書きとキリストの教えを教える活動だった。(41)初期の日曜学校としてよく知られているのは、イングランドのグロースターで一七八〇年にメソジストのロバート・レイクス（Robert Raikes, 一七三五―一八一一）らが中心となって始めた活動である。それ以前にも、日曜日に子供たちにキリスト教とともに読み書きや歌などを教えた、若きフランケの例がある。またアメリカ滞在中のウエスレーも日曜日に貧しい子供を教えたことが知られている。(42)ツィンツェンドルフ伯らヘルンフート派によるクラッセ（のちにChor）と呼ばれる一〇人程度のグループ単位での教育活動もまた、ウェスレーに影響を与えた。ほかにも同様の実践は、イングランド各地で記録されている。(43)しかし日曜学校の活動が大きく広がるきっかけとなったのは、雑誌の発行人であったビジネスマン、レイクスによる働きだろう。日曜日に子供たちだけがぼろ布にくるまって路上にいるのを目にして、教会へ連れて行こうとレイクスに促し、ともに教えた女性たちの貢献も知られている。

一方、大陸のドイツ語圏での制度化した日曜学校は、ハンブルク貧民学校での日曜日の授業が最初とみられ、貧民学校に付属して夜間および日曜の学校を開設する文書（一七九一年）はもっとも古い史料にあたる。日中働いていて通学できない子供の教育を念頭においた貧民委員会の文書である。一八一一年のフランス軍による占領とともにハンブルクでのこの日曜学校は閉鎖されるが、一八二〇年にあらためてイギリスから、今度はバプテストの影響を受けながら日曜学校は再興され、後にラウエハウスを作るヴィッヒャーンもそこで教師として働くこととなる。

貧民学校にかんする文書のなかでフォークトが記しているところでは、(44) 日曜学校はかつての孤児院礼拝堂で行われる説教と、そのあとの一時間の宗教の時間が午前中のプログラムであり、説教の解説のほか、前週に行われた宗教の授業の内容が主任教師によって要約され、休んだ生徒は、またすでに聞いている生徒も復習として、これを受講することになっていた。午後には前の週に授業に出ることができなかった子供のために、読み書き、計算の授業が行われた。日曜学校の目的が一週間の授業の補完として、読み書き・計算とともにキリスト教を学ぶことにあったのは明らかである。日曜日に礼拝することそのものが、市民的徳、道徳・倫理的に望ましい生活習慣であり習俗とみなされて、それを身につけるべく実践させるのも教育の一環だった。そして日曜学校の対象は子供にとどまらなかった。子供を通じて親や大人にも関心を持たせて一緒に日曜学校へ来させること、キリスト

---

(40) *ibid.*, Fn. 88.

(41) ブリストルの日曜学校については、長谷川貴彦『イギリス福祉国家の源流――近世・近代転換期の中間団体』東京大学出版会、二〇一四年、第四章、また一九世紀を中心としたチャリティースクールについては、金澤周作「学びを支える社会と力」、南川高志編著『知と学びのヨーロッパ史』ミネルヴァ書房、二〇〇七年、六三―八七頁に詳しい。

(42) Addie Grace Wardle, *History of the Sunday School Movement in the Methodist Episcopal Church* (Diss. Univ. Chicago), Methodist Book Concern, New York, 1918では、メソジストの議事録や刊行物から事例を列挙しており、エゴドキュメントによるアイデンティティー形成過程も見て取れる。

(43) ツィンツェンドルフ伯、およびヘルンフート派の児童教育と孤児院学校については、Christine Lost, Kinder in Gemeinschaft bringen. Zu Konzept und Praxis der Kindererziehung in der frühen Herrnhuter Brüdergemeine, in: Josef. Neumann /Udo Sträter (Hg.), Das Kind in Pietismus und Aufklärung, Max-Niemeyer Verlag, Tübingen, 2000, S. 95-110.

(44) (Caspar Freyherr von) Voght, Gesammeltes aus der Geschichte der Hamburgischen Armen-Anstalt während ihrer fünfzigjährigen Dauer, Hamburg, 1838, 日曜学校についてはS. 24 以下。

教、読み書き、計算を学ぶ子供たちの成長と変化を目にさせることで成人を感化し、彼らもまた学習者へと変えられていくことが期待され、日曜学校が成人教育の場となることが構想されていた。「（日曜学校は）粗野なところがある者たちに非常に必要であり、真面目に通うことは、良風 **Sittlichkeit** のために有益な結果を生むに違いない」。「荒れてしまうこと、ぶらぶらと無為に過ごすことから単に遠ざけられるだけでなく、子供たちは彼らの間で貴重なる競争心をはぐくむ。子供を就学させることを強制ではなく、つとめとして感じるようになる。（親としての）彼は勤勉さの価値を学んだのである」。平均して六五〇人の子供が平日の学校と日曜学校に通い、そこから五四名の女子と三四名の男子が雇用主の下で満足する働きをするに至ったと、フォークトは総括する。「公衆は将来、この学校をよく教育された使用人と働き手 **Dienstbote und Arbeiter** の養樹園 **Baumschule** とみなすことができよう」。

イギリスの読者へ向けて記した文書（一七九四年）でフォークトは、人間存在のあり方に焦点を当てて貧困問題を取り上げていた[45]。貧困の悲惨さとは、人間にとってふさわしくない状態に人間が置かれていることとして受け入れがたく、また本来の人間のあり方に照らして、他者に依存することに甘んじる存在、それでよしとする存在としての人間を「作り変えたい」という意志が滲んでいる。しかしフランス革命以後の混乱と国家間対立のあおりを受けて、一九世紀に入る頃から年を追うごとにハンブルクの経済状況は悪化した。それにともない、貧困を社会経済構造に起因するものとして、人間理性の管理によって克服できるという自信と、困難に立ち向かう意欲を維持することは、ハンブルクの上層市民の間でも難しくなっていった[46]。救貧事業の収支は一八〇三年には赤字化し、基金を取り崩す必要にいたり、救貧委員会も市議会も本格的な路線変更を迫られることになった。フォークトは、貧民に対しパターナリズム的な関係が改められない救貧委員の態度と制度に紛れ込む無駄を嘆く一方で、収支が厳しいことから支援を削減しようとする救貧委員と市議会の姿勢も非難した。彼が主張したのは、一七八八年の改革当時の原則へ立ち返れ、であった。それはちょうど、貧民学校と、貧民たちの生産品と原材料とを保管する倉庫にもなる堂々たる建物が完成した直後のことだった。

ハンブルクの貧民教育にはフランケの教育との共通点は多くみられるが、とくに宗教の位置づけに着目した場合には、キリスト者とするために貧民に教育機会をあたえるという宗教のための教育から、徳目教育のための宗教へとベクトルが反転し、宗教が目的から道具・手段になっていることが見て取れる。宗教というモチーフは依然として重要性を失ってはいないが、日曜学校も日曜日には礼拝に出るという市民的良風に貧民も子供の時からなじませること、また子供が毎週通うことを通じて大人にも影響を及ぼすことが狙いとなっていた。神の休まれた安息日を聖日として聖化し遵守するというよりも、午前の礼拝に与り、宗教を学ぶ、しかし午後は世俗的学習に充てるなど、日曜日という一日を無駄なく教育機会として用いようとした。フランケの教育では、キリスト教を学ぶための読み書きの学習であり、日曜日は聖日にふさわしい過ごし方に徹していたのに対して、啓蒙の時代には勤労に必要な資質として計算術とともに識字能力が求められ、それを身につける機会に日曜日の午後までが動員されている。教育への熱意と教育者の期待に、受け手の側は相応に応じることができただろうか。教育する側と教育される側との距離は縮まりうる、また上から下というその傾きは、水平にもなりうるものだっただろうか。

五歳で母を亡くし、ナポレオン戦争の大陸封鎖の影響をまともに受けて父の海外貿易事業は倒産、一四歳でその父も亡くした少女は、編み物とひきかえに孤児手当をもらう日々を経て、やがて日曜学校で午後の授業を担当する教師となる。ハンブルクを代表するキリスト教社会事業者となるアマーリア・ジーフェキンク（Amalia

---

（45） Caspar Voght, Freiherr von, *Account of the management of the poor in Hamburgh, between the years 1788 and 1794 : in a letter to some friends of the poor in Great Britain*, Hatchard, London, 1817.

（46） Mary Lindemann, *Patriots and Paupers. Hamburg, 1712-1830*, Oxford University Press, Oxford, 1990, pp. 177-188.

Sieveking, 一七九四―一八五九）である。[47] フォークトのビジネスパートナーだったジーフェキンクの姪で、市議会議員の娘であり、ライマールスの娘が叔母という啓蒙主義的な雰囲気の一族の中にあって、宗教に触れることが少なかった彼女が覚醒運動に出会ったのは、一八一四年に設立されたハンブルク聖書協会でのことだった。ヘルンフート派の集会では白衣の女性たちの合唱に強い印象を受け、のちにはヴァンサン・ド・ポールの愛徳姉妹会をモデルに、教育と社会奉仕に献身する女性奉仕者を組織していくことになる。

一九世紀に入ってのハンブルクでの大きな変化は、政治・経済領域にとどまらなかった。再びイギリスから宗教的リバイバルが波及し、ハンブルクをはじめ大陸各地で宣教会や聖書協会が誕生した。聖書の配布を目的とする聖書協会、イギリス外国聖書協会（British and Foreign Bible Society）は最初の大陸支部をニュルンベルクに設立した。ドイツ・キリスト教協会会員のキースリンクの働きだった（一八〇四年）。[48] ロンドンの協会の出資一〇〇ポンドで五ペニーのドイツ語聖書が五〇〇〇部印刷、配布されると、北ドイツではハンブルクのほかリューベック、ブレーメンなどの聖書協会が、いずれもイギリスから資金援助を受けてドイツ語聖書を出版し配布している。ニュルンベルクの支部はバーゼルへと拠点を移し、さらにフランスへと聖書配布の地域は拡大していく。こうした協会による宣教は、救貧・教育活動とも呼応しながら世界的な規模で展開されていき、やがてその宣教先として、日本が視野に入れられる時代も迫っていた。

おわりに

本章ではシンポジウムで取り上げられた時代以前における、キリスト教的救貧の取り組みとしての教育事業と、啓蒙主義的な都市の公的救貧教育事業に焦点を当てた。ヨーロッパ内外へと広がりつつあった救貧と教育の活動のつながりに着目したが、そこからはドイツ敬虔派と啓蒙主義者、それぞれにおける苦悩の内実が明らかになった。ここで取り上げた時代の枠組みを成したのが、宗教が私的なものと位置づけられる近代市民社会の原則が前提となる以前の、宗教と政治、そして社会とが交錯する状況であったことは、ハレやロンドンの事例にも顕著に現れている。しかしこれらの事例でも、救貧事業は王家などの公的な支援を受けつつも、すでにボランタリーな寄付を土台に運営がなされていたことは重要である。またハンブルクの事例からは、貧民を支援することが公益の観点から語られていたことを見た。救貧事業の土台は、貧者への哀れみという神の掟、慈善を通じて神の栄光をあらわすという宗教理念から、オイコスとしての都市の家政（エコノミー、ドイツ語でHaushalt）を有益に切り盛りするという、都市共同体への愛（パトリオティスム）へと変わっていった。本稿では扱わなかったが、ハンブルクの事例は一七八九年以降、フランス革命の影響を様々な形で受けている。とくに戦争の影響によるハンブルク経済への大打撃、フランス占領による住民人口調査等の本格的な社会統計の導入、そして貧民に対する治安維持的関心による眼差しとが新たな要素として加わった。

近世の事例を検討すると、近代市民社会のルールが確立していく一九世紀以降の救貧をめぐる問題点は、すでに一八世紀にその萌芽が見て取れることに気づく。貧困の原因は社会的、構造的なものであるにしても、ひとりひとりの貧民、ことに子供たちを、教育を通じて「勤勉で」「(身なりも振る舞いも) きちんとした」市民社会の一員に作り変えることが、問題の解決策であるという信念である。ところで、子供であれ大人であれ、変わろうとする力、この作り変えを促す力はどこに見出せるのだろうか。また、働き手を動かす力は、どこから来るのだろうか。

言うまでもなく、フランケ、ウェスレー、ブース、ミュラー、ハーン、そしてアダムズは、キリスト教的神に

(47) Inge Mager, Weibliche Theologie im Horizont der Hamburger Erweckung. Amalie Sieveking (1794-1859) und Elise Averdieck (1808-1907), in: id. (Hg.), Das 19. Jahrhundert, S. 339-376.
(48) キースリンクについては拙稿「バーゼルから見る――」を参照。

その源を見出していた。彼らの苦悩の源泉は、事業の対象である貧民たち、またともに働く協働者、そしてこの社会と、そうした信念、信仰を分かち合えるかどうかにあった。ビュッシュやフォークトらハンブルクの啓蒙主義者たち、また社会主義、共産主義へと転回していった片山潜は、神を離れて、おそらく人類への愛と連帯という理念と信念に忠実であろうとしたのだろう。しかし人類への愛と連帯はどこまで人を動かす力と規範となり、エートスとして共有され、内面化されうるのだろうか。

フランケ、ミュラー、ブース、そしてアダムズはともに、制度的教会に不信感と距離感を抱いていたが、ここには救貧事業者が抱いた行政による公的救貧への不信と並行するところがある。近代以降の救貧・福祉事業にとって、効率性と専門性とは、どうしても考慮されねばならない特性である。だが人が人を助けようとするという根本の場に立ち返ったとき、そこで「効率と専門性」という言葉を口にすることに対する、居心地の悪さはなんであろうか。他方、愛や連帯だけではうまくいかないのだということも、私たちは知っている。この両者の間で近代都市黎明期のキリスト者たちは苦悩し、私たちもそこになお立ち続けている。

＊本章は、文部科学省科学研究費助成事業基盤研究（C）［課題番号18K01022］による研究成果の一部である。

あとがき

平松英人

まえがきでも述べられているように、シンポジウムのタイトルである「近代都市形成期のキリスト教と社会事業——黎明期の苦悩」というテーマが生まれた直接のきっかけは、キリスト教史学会第七二回大会の開催地が日本大学法学部神田三崎町キャンパスに決定され、本書編者である馬渕彰氏から、一緒にやりませんか？と筆者にお声がけいただいたことにある。実はこれにはささやかな前史がある。それは、二〇一九年一二月に聖心女子大学で開催されたキリスト教史学会東日本部会において、ふたりの間で交わされた短い立ち話に遡る。かねてより筆者は、宗教に対する学術的関心が「再び」高まっているように見受けられる一方で、少なくとも筆者が専門とするドイツ近現代社会史研究に限れば、日本では宗教を中心的なテーマとした研究が必ずしも十分に蓄積されていないことに、またそれ以上に自らの力不足に対しても忸怩たる思いを抱いていた。その背景には、伝統的に近代化論や世俗化論の強い影響もあり、「宗教」に対する関心が比較的薄かったドイツ国内の社会史研究においても、一九九〇年代以降は「宗教」が集中的な関心と研究の対象となったのに比べ、日本では宗派ごとの事例研究の蓄積も少なく、ましてや宗派の垣根を越えた体系的・包括的な研究成果の本格的な出現はまだまだこれからの課題であるとの状況認識があった。

このような状況は、日本のドイツを含むヨーロッパ近代史研究、ひいては歴史学全体にとっても、単なる彼我の研究者層の厚さが違うというだけにとどまらない、重大な課題と挑戦をはらむ問題であろう。ここでキリスト教史学会を一例としてあげることが許されるなら、その創設より七〇年以上に及び「広く神学教会史はもとより、社会科学・自然科学から文芸一般にわたりキリスト教の諸相と世界文化とをあらゆる角度から究明した新研究（一九五一年基督教文庫発刊趣意より引用）」を社会に提供することを目的のひとつとして活発な活動が展開されてきた一方で、例えばホームページ上で確認できる二〇一三年以降に開催された大会シンポジウムで欧米のキリスト教史が主題として扱われたのは、二〇一七年大会の宗教改革五〇〇周年記念シンポジウム「ヴェーバー『倫理』論文とキリスト教史学」、および二〇二二年大会の「古代・中世キリスト教における女性イメージの多様性」の二回のみである。また歴代の学術奨励賞・学会賞受賞者のうち、ヨーロッパ近代のキリスト教史をテーマとした研究は、わずかに数えるほどしかない。先に触れた東日本部会での立ち話で、具体的にどのような会話がなされたのかはっきりとは思い出せないが、短い会話のなかでおおよそこのような問題意識が共有されたのではないかと思う。そのうえで、キリスト教史学会の枠組みを活用しながら、ヨーロッパ近代史研究者を核とした共同研究はできないものか、といったところまで話が及んだように記憶している。

その後のシンポジウムと本書成立までの経緯についてはまえがきにあるとおりである。ただここで、本書におさめられた論考の執筆者に共通する点を挙げるとするなら、それは歴史研究における信仰の視点へのこだわりであり、同時に、教条的・教派的傾向とは一線を画した分析と叙述へのこだわりであろう。本書の意義とユニークさも、そのこだわりの成否にかかっている。果たしてそれがどこまで成功しているのかは、読者の判断にゆだねたい。

シンポジウムから本書の出版に至るまで、数多くの方々から様々なお力添えをいただいた。特に、パネリスト、コメンテーター、あるいは司会者としてご参加いただいた木原活信、永岡正己、大岡聡、猪刈由紀、石川照子の各氏には改めてお礼を申し上げたい。忙しいスケジュールの合間を縫って複数回開催された研究会の場、そしてシンポジウムの場で交わされた自由闊達な議論から、大変多くのことを学ばせていただいた。また木原、永岡の両氏をご紹介いただいた関西学院大学人間福祉学部の今井小の実先生にも、心より感謝の意を表したい。登壇者のうち誰か一人でも欠けていれば、ヨーロッパ、アメリカ、日本、そしてアジアを繋ぐ近代社会事業（福祉）のグローバルな展開とその歴史的意義のみならず、その現代への射程をも俎上に載せた議論をすることは難しかったであろう。もちろん、明らかになったことより残された課題の方が多いが、少なくともこれからともに研究を進めていくための種は蒔かれたと信じ、今後に期待したい。

執筆者一覧（掲載順）

馬渕　彰（まぶち・あきら）

2000年ケンブリッジ大学大学院 Ph.D. コース，歴史学研究科修了。現在，日本大学法学部教授。

主著　『悪の歴史　西洋編（下）』（共著，清水書院，2018年），『マックス・ヴェーバー「倫理」論文を読み解く』（共著，教文館，2018年），『侠の歴史　西洋編（下）』（共著，清水書院，2020年）。

主要訳書　C. マシュー編『オックスフォード　ブリテン諸島の歴史　第9巻　1815-1901』（共訳，慶應義塾大学出版会，2009年）。

平松　英人（ひらまつ・ひでと）

2011年ハレ・ヴィッテンベルク大学第一哲学部歴史学専攻博士課程修了。Ph.D.　現在，東京大学大学院総合文化研究科附属グローバル地域研究機構ドイツ・ヨーロッパ研究センター講師。

主著　*Bürger im Spiegelbild der Armut. Armenwesen und Armenfürsorge in den Städten Köln und Ōsaka im Vergleich*, München: Iudicium Verlag, 2018;『ドイツ市民社会の史的展開』（共編，2020年，勉誠社），『ドイツ国民の境界——近現代史の時空から』（共著，2023年，山川出版社）。

木原　活信（きはら・かつのぶ）

1995年同志社大学大学院文学研究科社会福祉学専攻博士後期課程修了。博士（社会福祉学）。現在，同志社大学社会学部教授，同大学副学長。

主著　『J. アダムズの社会福祉実践思想の研究——ソーシャルワークの源流』（川島書店，1998年），『社会福祉の思想と人間観』（ミネルヴァ書房，1998年），『対人援助の福祉エートス』（同，2003年），『社会福祉と人権』（同，2014年），『「弱さ」の向こうにあるもの——イエスの姿と福祉のこころ』（いのちのことば社，2015年），『宗教と対話——多文化共生社会の中で』（共著，教文館，2017年），『良心学入門』（共著，岩波書店，2018年），『ジョージ・ミュラーとキリスト教社会福祉の源泉——「天助」の思想と日本への影響』（教文館，2023年）。

主要訳書　エドワード・E. カンダ他『ソーシャルワークにおけるスピリチュアリティとは何か』（ミネルヴァ書房，2015年）。

猪刈　由紀（いかり・ゆき）

2007年ボン大学哲学部博士課程修了。Ph.D.　現在，清泉女子大学人文科学研究所客員研究員，上智大学外国語学部・國學院大學文学部他非常勤講師。

主著　*Wallfahrtswesen in Köln. Vom Spätmittelalter bis zur Aufklärung*, SH-Verlag, Köln, 2009;『旅する教会——再洗礼派と宗教改革』（共編，新教出版社，2017年），『記憶と忘却のドイツ宗教改革——語りなおす歴史 1517-2017』（共著，ミネルヴァ書房，2017年），『マックス・ヴェーバー「倫理」論文を読み解く』（共著，教文館，2018年）。

黎明期のキリスト教社会事業
——近代都市形成期における挑戦と苦悩

2024年9月10日　初版発行

編　者　馬渕　彰／平松英人
監修者　キリスト教史学会
発行者　渡部　満
発行所　株式会社　教 文 館
〒104-0061　東京都中央区銀座4-5-1
電話 03(3561)5549　FAX 03(5250)5107
URL http://www.kyobunkwan.co.jp/publishing/
印刷所　株式会社　平河工業社

配給元　日キ販　〒112-0014　東京都文京区関口1-44-4
電話 03(3260)5670　FAX 03(3260)5637

ISBN 978-4-7642-7489-1　Printed in Japan